書いて、捨てる！

モノと心の〝ガラクタ〟を手放せる4つのノート

筆子《fudeko》

大和出版

誰でも気軽にはじめられる方法が、ここにあります　はじめに

はじめまして、筆子です。

私はカナダで暮らしながら、自分の体験から気づいた、持たない暮らしのよさや、不用品を捨てる方法を毎日、ブログ「筆子ジャーナル」で発信しています。

さて、あなたは、こんな悩みをお持ちではありませんか？

「物をたくさん持ちすぎて、ぐしゃぐしゃになった部屋をなんとか片付けたい」

「毎日、忙しすぎて、目の前のことをやるだけで精一杯」

「自分のやりたいことがわからない」

「ストレスがいっぱいで疲れている」

この本では、そんな悩みを解決する最強の方法として、「書くこと」をおすすめし

ています。

「書くこと」と聞いて、面倒くさいと思われる方もいらっしゃるかもしれませんね。

でも、細かいルールなんて、気にしなくて大丈夫。

毎日少しずつ書く――、その積み重ねが、大きな変化を生むのです。

では、ここで、書くことで、どのように、「物」と「自分の気持ち」を整理できるのかをご説明しますね。

1　書いて「物」を整理する

私がシンプルな暮らしをしたいと決意して、所持品を本格的に捨て始めたのは10年ほど前のこと。

実は、それ以前にも、何度か物を減らそうと試み、たくさん捨てていましたが、そのたびにリバウンドしてしまっていました。

でも、この10年は、たまに物が増えることはあるものの、おおむね減る一方。

その理由は、なんといっても「書くこと」にありました。

本書では「管理ノート」という、持ち物すべてを書き出す方法で紹介しています。

たとえば、

- トップス　58着
- ボトムス　32着
- ジャケット　27着

というように、書き出していく。

さらに、

- 何をいくらで買ったか
- 自分が買いたくなる基準は

などと、深く掘り下げ、ノートに綴ります。

紙に書き出せば、とりあえず、何を最初にやるべきか、優先順位をつけられます。

先の計画を立てることもできて、今の生活を軌道修正することもできますよね。

2　書いて「自分の気持ち」を整理する

「書く」ことでできることは、単に物が捨てられることだけではありません。

私はブログの読者の方から、冒頭に書いたような、日々の不安や焦りについてのお悩みをいただくことがあります。

そんなときも、私は「まずは、自分の考えていることを書き出してみてください」とお伝えしています。

なぜなら、不安や焦りが募ってしまうのは、いろいろなことをすべて頭の中にため込んでいるから。

書き出す内容は、ささいなことであればあるほど、いいでしょう。

「髪を切ったのに誰も気づいてくれなかった」

「これから先、貯金がなくて不安」

このようなことでも、文字にすることで、いったん頭の外へ出すことができます。

私は、これを、「ストレスノート」と呼んでいます。

「なんでも紙に書いてみてください」と言うと、「私は文章を書くのが苦手なんです」と尻込みする人がいます。

しかし、この本でお伝えする「書く」は、ただ頭の中にあることを書き出すだけ。誰でも気軽にはじめられ、続けられる、とてもシンプルな方法だと言えます。

本書では、「管理ノート」「ストレスノート」以外にも、物事のよい面に気づける「感謝ノート」、日々の成長を綴る「日記」「手帳」についてもご紹介しています。

今、「書くこと」に慣れていないあなたでも、心配ありません。

生活を充実させるために、自分ともっと親しくなるために、今日から、まずは書くクセを身につけてみましょう。

きっとあなたの世界が変わるはずです。

筆子

『書いて、捨てる！』目次

NOTE 1 必要のない買い物の習慣を捨てる「管理ノート」

NOTE 2 ネガティブな声を捨てる「ストレスノート」

NOTE 3 できないことにフォーカスする思考を捨てる「感謝ノート」

NOTE 4 やらなくてもいいことを捨てる「日記」「手帳」

EPILOGUE ノートをきれいに使い切る方法

PROLOGUE

私がなぜ「書くこと」をおすすめするのか

「紙に書く」ことには、5つのメリットがある

この本では、さまざまなことを紙やノートに書き出して、頭の中にある〝ごみ〟を捨てることをおすすめしています。

「毎日、やるべきことがたくさんあり、いつも気持ちが焦っている」
「不安や心配を日々、たくさん抱えて過ごしている」
「やりたいことが何もなくて、この先、どうしていいのかわからない」

そんな人は、頭の中にある考えを、徹底的に書き出してください。

「将来、やってみたいことがある」
「『こんな暮らしにしたい』というあこがれがある」
「『こうなったらいいのに』といった願いがある」

という人にも、書くことは有益です。

頭の中にあるものを紙に書き出すことにはさまざまなメリットがありますが、ここでは5つ紹介しますね。

メリット1　整理できる

紙に書き出す一番のメリットは、脳内の整理ができることです。

頭の中には、さまざまな思考が無秩序に渦巻いています。


あなたは朝起きたとき、何を考えていますか？

「ああ、眠い。子供を起こさなきゃ」

「弁当を作らなきゃ」

「今日の予定はなんだっけ」

「なんか疲れているな」

「おなかがすいた」

「なんでうちの子、いつもさっさと起きないの？」

などなど、脳内では次々といろいろな思いが脈絡なく沸いてきて、大事なことも、そうでないことも、いっしょくたになっています。

これでは、何かをじっくり考えることも、冷静に意思決定することもできません。

特に現代のように、情報がたくさんあふれている社会ではなおさら……。

でも、頭の中にあることを紙の上に書き出せば、落ち着いて思考の整理ができ、望む方向に進むことができます。

メリット2　意識が向く

考えていること、日々の行動、持ち物などを書き出すだけで、書いている内容に意識が向きます。

数年前、レコーディング・ダイエットというダイエット法が流行りましたよね。

これは、その日、食べた物や飲んだ物をただ記録するだけのダイエット法です。

記録することで、それまで無意識にしていた、自分の食べ方に意識が向くというわけです。

すると、今後は、もっと意識的に食べるようになるでしょう。

また、お金の流れに無頓着だった人は、日々の買い物を書き出すことによって、お金の使い方に意識が向きます。

すると、「もう少し計画的にお金を使おう」とか、「今度は実際にどれくらい貯金ができているか考えてそっちも計算してみよう」などと思うようになります。

何かを見直し、改善するためには、その「何か」に意識を向けることが不可欠です。

メリット3　気づく

自分の考えや行動を書き出して改めて読んでみると、これまで気づいていなかったことに気づくはずです。

たとえば、毎日買った物とその値段、買った場所を記録すれば、思いのほか、お金を使っていることに気づくかもしれません。

毎日のように高いコーヒーを飲んでいることや、「節約したい」と口では言っているのに100円均一ショップでしょっちゅう雑貨を買い、すぐごみにしていることもわかると思います。

自分の衣類をすべて書き出してみると、「毎朝、着る物がない」と思っていたのに、意外とたくさんの服を持っていることも目の当たりにします。

「あれもこれもやらなくちゃ」と気持ちが焦るとき、やるべきことを書き出せば、「実は思っていたほどたくさんはない」とわかるでしょう。

考えていることを紙の上で具体的に可視化すれば、これまで無意識だったことが、たくさん見えてきます。

人は、実際の状態を知らなければ、改善することができません。

生活習慣を変えたいなら、現状に気づくことは非常に重要です。

メリット4　行動できる

紙に書き出したことが、行動するきっかけになります。
今日やらねばならない仕事を全部リストアップして、重要なことから番号をつければ、あとは番号順に行動するだけです。

これまで「不用品を捨てたいものの、最初の一歩をなかなか踏み出せない」という方から、何度もメールをいただきました。

そのような人たちは、部屋の様子を見て、頭の中で、「よくわからないけど、私はたくさん物を持っている。捨てるのは大変な作業になりそうだ」と恐れているのです。

その恐れがあるゆえに、行動できません。

しかし、捨てるべき物、捨てたい物、片付けたいスペースをリストアップして、1日15分ずつでも片付けていけば、意外にスムーズに片付くことに気づくし、ひとつのたんすを片付けるのに、そんなに何日もかからないとわかります。

やりたいことがあるのに行動できない人は、まず紙にプランを書いてください。

メリット5　忘れない

書くことの最後のメリット、それは、思ったことや考えたことを残せることです。

作家や画家、漫画家など、クリエイティブな仕事をしていなくても、私たちは、日々、いろいろなことを思いついています。

その中には素晴らしいアイデアもあるでしょう。

しかし、せっかく思いついたことも、数時間後には忘れています。

新聞や本を読んで、「これはいいアイデア！」と思ったことも、映画を見て、「このセリフ、グッときた！」と感動したことも、メモしておかないと、ほどなくして忘れます。

この本では、書くことで、ガラクタのような思考や、やらなくてもいい行動を捨てることをおすすめしていますが、日々の感動や、素晴らしい思いつきも、ぜひノートや手帳に書いて残してください。

それがあなたの宝物になります。

ちまたのノート術にとらわれていませんか？

amazonで、「ノート術」という言葉で検索してみると、本だけでも1000件以上ヒットします。

日本人は、手帳やノートが大好きで、書き方の研究にも熱心ですよね。

ですが、私は、書き方にこだわるあまり、肝心の「書くこと」まで進めない人や、「書くこと」から、恩恵を得るところまでいかない人がたくさんいると感じています。

方法にこだわるあまり、目的を達成できないのです。

この本はノート術を細かく伝えるものではありません。

気負わず、気楽に書くことをおすすめする本です。

学生時代、夏休みに無理やり書かされた読書感想文の後遺症で、書くことに苦手意識がある人や、スマホでメモすることが普通になり、すっかり手書きから遠ざかっている人に、紙に自分の気持ちを書いていく楽しさや快さを感じてもらいたいと思っています。

ゆるく続けることが肝心

この本ではPRE NOTEを含めると5つのノートを紹介していますが、すべて書く必要はありませんし、形式も自由にアレンジしてかまいません。

ノートを書くことをおすすめすると、決まって、

「ノートはどんなサイズを使えばいいですか？」

「どのくらいの量を書けばいいのかわかりません」

「いつ書けばいいのか教えてください」

「忙しくてノートなんて書いていられません」

といった質問が届きます。

実は、こうした質問への正解はありません。

1人ひとり、そのノートに求めることも、生活環境も、価値観も違うからです。

この本では、はじめやすいように、それぞれのノートを書く手順やフォーマットは提案していますが、形にこだわりすぎないでください。

できそうなことからはじめて、自分の性格や実情に合わせて調整しながら、とにかく続けることをおすすめします。

書き続けていくうちに、自分に合ったノートとの付き合い方がわかってくるでしょう。


私は長年、日記やノートを書いていますが、ノートの種類、書き方、書く時間などは、変わってきています。

自分自身も生活環境も、ずっと同じではないので、ノートの書き方もそれに合わせて変化します。

「こうでなければいけない」と思い込まず、「うまくいかなかったら別の方法にすればいい」と気軽に書きはじめてください。

そのへんの紙切れやチラシの裏に書いてもまったく問題ありません。

この本の「書く」で捨てられるもの

最初にも書いたように、紙に書き出すことには、たくさんのメリットがありますが、この本では、特に「捨てる」ことに焦点を当てています。

PRE NOTEの「ブレインダンプ」では、頭の中でこんがらがっている思考を整理します。

NOTE1の「管理ノート」では、書くことによって、いらないものや、望ましくない行動習慣を捨てます。

NOTE2の「ストレスノート」では、ストレスのもとを捨てていきます。

NOTE3の「感謝ノート」では、足りないものや、自分ができないこと、うまくいかないことにフォーカスしてしまう考え方を捨てます。

そして、最後のNOTE4の「日記」や「手帳」では、やらなくていいタスクを捨てます。

興味を持った方法を試してください。

PRE NOTE

頭の中のガラクタを
捨てる「ブレインダンプ」
という考え方

とにかく、すべての情報を出し尽くす

仕事に、家事に、人付き合いに、忙しい日々を送っていると、やるべきことや、考えるべきことで、頭の中がいっぱいになりますよね。

目の前のことを処理するだけで1日が終わってしまう……。

すると、自分が本当にやりたいと思っていることや、大事にしたいことをしないまま、時間が過ぎていきます。

こんな状況を回避するためにも、頭の中にあるさまざまな考えを一度、紙の上に全部出してみましょう。

頭の中のガラクタを捨てるのに最適な方法に、「ブレインダンプ」というものがあります。

ブレインダンプはbrain（脳）dump（捨てる）、直訳は、「脳を捨てる」ということ。

つまり、脳内にあるすべての情報を外に出す（移す）ことです。

ここでは、頭の中の不要なものを捨てて、思考をクリアにするためのブレインダンプのやり方をステップ形式でお伝えします。

ステップ1　1人になれる場所に行く

ブレインダンプは、自分の部屋や、図書館、喫茶店など誰にも邪魔されない場所、ひとりで集中できる場所でおこなうことが一番です。

そばに人がいると気が散って、うまくいきません。

ステップ2　紙とペンを用意する

パソコン、スマホやタブレットの普及で、手書きをする人が減ってきています。

「なんでもスマホですませるから、普段は全然、手で文字を書かない」という人も少なからずいるでしょう。

ですが、ブレインダンプは紙とペンを使うアナログ方式でおこなってください。

手でペンを持って書くと、脳は活性化されると考えられています。

手を使わないと学習効果が上がらないし、文字を書かないと脳が老化するとも言いますよね。

文字を入力するときも脳と腕を使いますが、手書きとは使っている脳の部分が異なるように思います。

画面に向かってキーボードを打つより、手で書くほうが脳のいろいろな場所を使っているのではないでしょうか？

ブレインダンプは、入力より手書きのほうが効果があると個人的に思います。

入力する文字だと、脳から絞り出す感じが希薄なのです。

私は日々のタスクを書くのも手書きにしています。

手書きだと、もっと切実に「今日はこれをやるんだからね」という気分になるからです。

入力した文字は、なんだか他人ごとみたいな雰囲気があります。

以前、「手書きの文字は自分の感情の揺れが出て、粒ぞろいに書けないから、入力した文字のほうがいい」と言った人がいました。

感情が出るからこそ手書きがいいのではないでしょうか？

というわけで、なんでもいいので紙とペンを用意してください。

ステップ3　タイトルを書く

脳内に入っている考えを無秩序にそのまま出してもいいのですが、私はタイトルを決める、つまりある程度カテゴリーわけしたほうが、脳から出しやすいと思います。

タイトルは任意ですが、私がよく使うのはこちら。

●やらねばならないこと

●やりたいこと

もし、脳内のガラクタ出しとしてのブレインダンプではなく、自分の願望を達成させるためのブレインダンプをするなら、

●ほしいもの、手に入れたいもの

●できたらいいなと思うこと

なんてタイトルを使ってもいいでしょう。

知らず知らずのうちに、ネガティブな感情に支配されてしまう人は、

●不満なこと（上司や配偶者、友達などへの不平、仕事に対する不満、自分の容姿に関するコンプレックスなど）

●心配なこと（お金の心配、子供や自分の将来、老後に対する不安、これからやろうとすることがうまくいくかどうか、など）

を書き出してもいいと思います。
これは、あとでご紹介するNOTE2の「ストレスノート」にもなりますね。

ステップ4　書き出す

脳内に入っていることをすべて、ごく小さなことまで、書き出してください。
たとえば、

- ゴミ出し
- 歯医者に予約の電話をする
- 猫のエサを買う
- バスルームの電球を変える
- 回覧板をまわす
- 宿題をやる
- 家計簿を書く

●借金を返す

など。

初めてブレインダンプをするときは、最初は何も出てこなくて、頭が真っ白になるかもしれません。

ですが、安心してください。

それはあまりにも脳内にガラクタを放置しすぎたせいで、ゴミがびっしりくっついている証拠です。

たとえば、やりたいことなら、

●月収〇〇万円以上の仕事に転職して、もう少し壁の厚いマンションに引っ越す
●イギリスに留学する
●毎年、海外旅行したい
●毎日15分、断捨離をする

●簿記2級の資格を取る

●毎日、何か新しいことをする

●子供に怒鳴るのをやめる

●残業は月10日以内にする

●ノーと言うのを恐れない

●いらないものは断る

●買わない挑戦をする

●早起きをする

●海と山の見える場所に引っ越す

●毎日ウォーキングをする

ほしいものなら、

●もう少しスペックのいいパソコン

●水筒を洗うブラシ

●ワイヤレスマウス
●自由な時間
●寝心地のいい寝室
●英語のスキル
●新しいジーンズ

など、自由に書きましょう。

いくらでもあると思います。

落ち着いて、時間をかければ、ゴミを1つひとつ取り出すことができます。

書き出す時間は任意ですが、ひとつの項目に15分～20分はかけてください。

「もうこれ以上、頭の中から出ない」というギリギリのところまで書き出すのがブレインダンプを成功させるコツです。

ステップ5　やらないことを決める

タイトルが「やらねばならないこと」ならば、書き終わったら、改めて本当にそれらをやらねばならないのか、考えてください。

やらなくてもいいことを、やらなければいけないと思い込んでいたのかもしれません。

読んでみて、やる必要はないと思ったものは、上に線を引っ張って消します。

ここでのポイントは、できるだけたくさん、やらないことを見つけることです。

脳内では、大事なこともそうでないこともグチャグチャになっているので、全部やる必要があると思いがちですが、紙の上に出してみると、そうではないとわかります。

物の断捨離でいえば、このチェックは「いる・いらない・迷い中」と判別する作業にあたります。

やる必要のないことは、いらないものです。

線を引っ張って捨ててください。

やらなくてもいいことは、その人によって違いますが、たとえば、

- SNSの「いいね」押し
- 頻繁なメールチェック
- 義理で送る年賀状
- 本当はやりたくないのに、やらねばいけないと思い込んでいる仕事
- サービス残業
- 丁寧すぎる掃除
- 毎シーズン洋服を買うこと
- 毎朝シャンプーすること

などです。

ステップ6　やらねばならないことをやる

残った「やらねばならないこと」を順番におこないます。

自分がすぐにやれそうなものから、何も考えずどんどん実行してください。

すべてやり終えるのに、数日かかることもありますが、とにかく前進することがポイント。

やらねばならないことをやってしまえば、頭の中で気にかかっていたことをすべてクリアできます。

すると、気分がスッキリするでしょう。

ステップ7　解決しない問題はどうするかを考える

やらなければいけないとわかっていても、すぐにはできないこともありますよね。

たとえば、クレジットカード会社に200万円ほど借金がある場合、いきなり今日すべてを返すことはできないでしょう。

完了するのに骨が折れそうなこと、時間がかかりそうなことは、タスクを細分化してください。

200万返すために何をやるべきか、今すぐ自分ができる小さな行動にわけるのです。

たとえば、「部屋の中にあるいらないものをヤフオクに売る」というように。

このタスクをさらに細分化して、紙に、

●売れそうな物を部屋の中から探す

と書きます。

これなら今すぐ自分でできます。

そして実践。

これをやり終えたら、次にできそうなことをまた紙に書いて実行してください。

先に、一連のやれそうなことをリストアップしてもいいでしょう。

やるべきことをただ頭の中で考えているより、紙に書いて具体的に目に見えるようにしたほうが、行動に移しやすくなります。

借金返済のために、どんな小さなことでも行動を起こせば、前向きになれます。

何もせず、「ああ、借金を返さきゃいけないんだ」と憂鬱になって、借金のことを無理やり考えないようにしている状態に比べると、不安がぐっと減ります。

やりたいことだけをやっていく

ステップ7までは、やらなくていいことを捨てて、やらねばならないことをおこなうプロセスを紹介しました。

しかし、人には、「やりたいこと」もあります。

やりたいことがあるときは、ステップ6とステップ7を参考にし、自分がもっともやりたいことを明らかにして、それを実現させるためにはどうしたらいいのか、今、自分ができる具体的な行動に細分化しておこなってください。

たとえば、「物だらけのキッチンを片付ける」がやりたいことだったとしましょう。

その場合は、

ゴール：
●キッチンのカウンターやテーブルの上にあるものをなくす

今、自分ができること：
●100円ショップで軍手と45Lのサイズのゴミ袋を買ってくる
●テーブルの上にある物をすべて元の場所に戻す
●カウンターの端にある調味料入れから、いらない物を捨てる

こんなふうに書いて順番に実行します。

義務にしない、気が向くときでOK

先ほどお伝えしたのはあくまで私のやり方で、ブレインダンプにはいろいろなやり方があります。

何回かやってみて自分に合う方法にアレンジしてくださいね。

ブレインダンプし終わった紙は、しばらく机の上に置いておいて、思いついたらちょこちょこ書き足していってもいいと思います。

やるべきだと思っていたことをやってしまうと、とても心が軽くなります。頭の中もスッキリして前向きになるでしょう。するとと、部屋の中もだんだんきれいになっていくのです。


脳内のガラクタは部屋の中のガラクタと同じ。

時間が経つうちにまた増えていきます。

もし、気持ちに余裕がなく、物事に集中できなくなったら、またブレインダンプをしてください。

たとえば、

「なんとなく、気が急く、忙しすぎてイライラする」

「やらなければいけないことがたくさんあるのに何ひとつ手につかない」

「1日中、働いたのに何も進んでいないと思う」

「理由もなく焦りを感じる」

このようなときです。


週末にやるとか、月に1回やるというようにルーティンにしてもいいでしょう。

私は、気が向いたらやっていますが、やれば毎回とてもスッキリします。


ブレインダンプをやるのに必要なのは、紙とペンだけ。

それ以外にお金はかかりません。

ぜひお試しください。

紙とペンさえあればできる！
“なんでも書く”ブレインダンプ

タイトル

「やらねばならないこと」

ステップ1　「脳内のガラクタ」を書き出す

- ハガキを投函する
- 模様替えをする
- トイレットペーパーを買う
- 友達に連絡する
- 来年の手帳を買う
- 夏服を買う

などなど

↓

ステップ2　この中で、「今やらなくていいこと」を選ぶ

- 模様替えをする
- 夏服を買う

↓

ステップ3　「やらなくていいこと」に線を引いて消す

- ~~模様替えをする~~
- ~~夏服を買う~~

残った

↓

- ハガキを投函する
- 来年の手帳を買う
- トイレットペーパーを買う
- 友達に連絡する

が、やるべきこと！

POINT

「やること」「やらないこと」を明確にする。

「なんでもランキング」で箇条書きしてみる

ここまでブレインダンプの説明を読んで、どう思いましたか？

やってみたいと思われたでしょうか？

それとも、「私には難しい」「面倒くさそうだ」と思われましたか？

文字で説明すると、ややこしそうに見えますが、実際にやってみると、ブレインダンプはごくシンプルな作業です。

ですが、もしハードルが高いと思ったら、「なんでもランキング」という、トライしやすいワークもあります。

これは、今検討したいことをなんでも、3つ、5つ、10くらいのランキングにして、箇条書きにするというもの。

まずは、例をご紹介しますね。

今すぐできる、こんな「お題」がある

●お題：今日、私がやらねばならないことベスト5は？

1　夕食の買い出し
2　義父の家に持っていく料理を作る
3　町内会の会議の議事録をワードでまとめる
4　庭の草取り
5　パジャマのボタン付け

こんなふうに、1〜5位を考えてみるのです。
ほかにも、いくらでも考えられると思います。
たとえば、次のように。

●お題：私が今月ほしいものベスト7

1　ｉＰｈｏｎｅ
2　スニーカー
3　まな板
4　入浴剤
5　週末に彼と観るＤＶＤ
6　キャンドル用のライター
7　Ｅリーダー

●お題：半年以内に処分したいものベスト10

1　古い携帯とその付属品
2　もうひとつの古い携帯とその付属品
3　古いパソコン
4　大学のときの卒業アルバム
5　Ａ子の結婚式でもらった写真フレーム

6　クリスマスにもらったピンクの手袋
7　多すぎるタッパー
8　書類
9　全然使っていない指輪
10　お雛様

●お題：今、私がやらねばならないことベスト3

1　社会学のレポートの仕上げ
2　英語の宿題
3　猫のエサやり

●お題：明日、寒いのに家から出るべき理由ベスト5

1　図書館に本を返す
2　味噌を買う

3　運動として
4　気分転換として
5　英会話学校で話すネタ作りとして

このような内容でもかまいません。
大事なのは、頭の中のモヤモヤを文字にすること。
ランキングの数も順位も、決まりごとはありません。
あとからいくらだって修正は可能です。

●お題：夫のいいところベスト7
1　たまに料理をしてくれる
2　たまに私の好物を買ってきてくれる
3　毎日文句を言わずに会社に行く
4　長男のキャッチボールの相手をしてくれる

5　物をいっさいほしがらない
6　部屋が汚くても文句を言わない
7　犬の散歩に率先して行く

いかがでしょうか。

お題もランキングも自由に書いていきます。

すると、

「今やるべきことが明確になる」

「迷っていることが決断できる」

「怒りがおさまる」

などの変化があるでしょう。


ブレインダンプは、「頭の中にあるものをギリギリまで出しつくし、そのあと、重要ではないことは捨てる」というものでしたよね。

この「なんでもランキング」は、先に出すべき件数を決めて、大事なものから出していくものです。

こちらのほうが時間はかかりません。

忙しいときは、「なんでもランキング」を試してみてください。

NOTE 1

必要のない
買い物の習慣を捨てる
「管理ノート」

買い物のしすぎに歯止めをかけましょう

所持品を把握するために、「管理ノート」を書いてみましょう。

洋服を例に、ノートの書き方を紹介しますね。


私の運営しているブログ「筆子ジャーナル」には、毎日、読者からたくさんのお悩み相談が届きます。

なかでも多いのは、「どうしても、洋服の買い物が止まりません。どうしたらやめられますか?」という内容。

そもそも、何も考えず、無意識に洋服を買っているから、数が増えてしまうのです。

ノートを使って、「服のショッピング」という自分の行動を客観的に見つめることができれば、無駄遣いはおさまります。

自分のワードローブや、コーディネートを書くノートを持っている人もいるかもしれません。

ですが、この管理ノートは、衣類を管理するというよりも、衣類の買い物を管理するためのノートです。

好きなノートを1冊用意して、次のようなことを書いてください。

ポイント1　すでに持っている物をすべてリストアップ

服を次から次へと買いすぎる人は、自分がすでに持っている服のことをすっかり忘れていることが多いもの。

ですので、まず、手持ちの服の棚卸しをし、ノートに書いていきましょう。

所持している服の内容を把握できていないから、余計な服を買ってしまうのです。

書き方は、自分の実情に合わせて、アレンジ可能です。

数が多い人は、

●トップス　58着
●ボトムス　32着
●ワンピース　12着
●コート　10着
●ジャケット　27着

こんなふうにアイテムごとに書けばいいでしょう。

持ち物が少ない人は、トップス、ボトムスなどページをわけて、それぞれの色やデザインの特徴を書いてもいいと思います。

季節ごとにわけて書いてもかまいません。

このノートは、そのまま自分のワードローブ管理ノートにもなります。

ノートでワードローブを一覧できるようにしてください。

手持ちの服を調べているうちに、

「ちょっとコートが多すぎじゃない？」

とか、

「同じようなトップスが何枚もある」

など、必ずなんらかの気づきや反省点が浮かんできます。

こうした気づきを得ることが、無駄な買い物の防止につながるというわけです。

自分の持ち物、全部把握していますか？

衣類を管理するのではなく、衣類の買い物を
管理するためのノートを書きましょう。

洋服

- インナー ☐ 着
- トップス ☐ 着
- ボトムス ☐ 着
- ワンピース ☐ 着
- コート ☐ 着
- ジャケット ☐ 着
- シャツ ☐ 着
- バッグ ☐ 個
- アクセサリー ☐ 個

本

- 文庫本 ☐ 冊
- 単行本 ☐ 冊
- コミック ☐ 冊
- 雑誌 ☐ 冊

タオル類

●ハンドタオル		枚
●バスタオル		枚
●ハンカチ		枚

その他

●傘		本
●CD・DVD		枚
●化粧品		個

何か気づいたことがあったら、
それも書き出してみてください。

例

［シャツは同じ色のものが多い、使わないバッグが3個もある、など。］

［ ］

［ ］

［ ］

［ ］

POINT

とにかく減らすことよりも、気づくことが大事。

全部書けたら、普段そのうちの何パーセントを実際に身に着けているか、概算を出してください。

「多くの女性は、手持ちの服の2～3割しか着ていない」と言われます。

私は持っている服の数はそんなに多くありませんが、やはりよく着る服と、あまり着ない服があります。

手持ちの服の7割は着たいですよね？

理想は100パーセントであっても……。

あまり服を活用できていないなら、どうしたら、もっと活用できるか考えて、今後の課題とし、それもノートに書き加えます。

所持している服の活用率を上げるもっとも簡単な方法は、着ない服を捨てることです。

これについてはポイント5で詳しく説明します。

ポイント2 購入履歴を調べて計算する

過去1年に、服にどれだけお金を使ったかを計算します。

そして、それが自分の年収の何パーセントに当たるかも算出します。

年収がわからない人は、「月収×12ヶ月＋ボーナス」で算出し、月割りして、月々の給料に対する割合を出してもいいでしょう。

普段から家計簿をつけているなら、家計簿から服に使った出費だけ拾ってください。

ネット通販の場合、ショップからメールが来るし、購入履歴が残るので、それを見れば金額がわかります。

「楽天の購入履歴を見て出費を調べていたら、次第に買い物グセがおさまった」という方もいました。

通販で衣類を買うと、注文受付時に届くメールか、出荷されたことを伝えるメールに内容と金額が書いてあるので、使った額がわかります。

実店舗の場合は、レシートを見れば明確ですね。

もし、なんの記録も残っていないなら、今日から洋服を買ったときは必ず、何をいくらで買ったのか、このノートにつけるようにしてください。

計算ができたら、ファッションにそれだけのお金を使った対価として、自分はいったい何を得たのか、客観的に考えてください。

「かわいい服がいっぱい集まってうれしい」

「生活の彩りになった」

「毎日が楽しい」

こんなポジティブなできごとに気づく人もいるかもしれません。


しかし、洋服の買いすぎに悩んでいる人は、

「こんなに買ったけど、毎日着るものがない」

「こんなお金があったなら、韓国に10回くらい旅行できたのに」

「おかげで部屋に洋服があふれて掃除が大変」

「結局、ほこりと虫を引き寄せただけだった」

なんていう、ネガティブな気づきがあるもの。

繰り返しますが、この気づきこそが、次の買い物の抑止力となります。

購入履歴を何度も見ていると、何か感じることがあるでしょう

私はたまに楽天市場の昔の購入履歴を見ることがありますが、「買ったけど、みんな捨てちゃったな」と遠い目をしています。

ポイント3　好きなスタイルの考察を書く

自分が求めている服やスタイルを書いてください。

「こんな服がほしい」と思うイメージがあったら、それも書きます。

お店で目についたかわいい服や、セールで目にした服をどんどん買ってしまうのは、自分の求めている服がわかっておらず、服に関する明確な購入基準がないからです。

そこで、「こんな服ならば買うに値する」という基準を見つけることを目標に、自分の好きなスタイルについて考えることをおすすめします。

たとえば、こんなことを書いてみてはどうでしょうか？

●自分らしいスタイルは何？

私の場合、カジュアルで着やすい服が自分のスタイルだと思っています。上はTシャツ、下はレギンス、気温に応じて、その上にパーカーやダウンジャケットを重ねます。

●自分が服を買う基準とは？

最近の私の基準はこちらです。

・直接肌に触れるものは天然素材——化織のものより、肌にやさしいし、静電気が起きにくいので健康にもいいいため

・着やすい服——着脱しやすいほうが、ストレスなく愛用できるため

・イージーケアで大丈夫なもの（アイロンやドライクリーニングはいっさい使っていません）――手入れに手間がかかる服だと、だんだん着なくなるため
・入手しやすい服――だめになったらすぐに買える服を定番にしておくと、買い物の手間が減るため
・蚊に刺されにくい服――夏場、ジョギング中によく蚊に刺されるため
・年齢を選ばない服――自分の定番として長く愛用できるため

人によって生活環境も価値観も違うので、人の数だけ購入基準があるはずです。
大切なのは、誰かほかの人ではなく、自分の購入基準を見つけること。
ついでに服や下着のサイズも書いておくと、次の買い物のとき重宝するでしょう。

ポイント4　うっかり買ってしまうきっかけと　その対策を書く

次に、自分が服を買ってしまうきっかけをリストアップします。

服を買いすぎてしまう人は、すっかりそれが習慣になっているもの。

習慣は、「きっかけ↓ルーティン（行動）↓報酬」という流れでできていますから、きっかけを回避できれば、買わないでいられます。

そこで、服を買う気にさせてしまうきっかけをすべて書き出し、それを避ける方法を考えます。

たとえば、

- ショップからのメールをチェックする
- たまたま店でセールの広告を見た
- 友達が着ているのを見た

●美容院で手にした雑誌で見た
●退屈だとすぐにネットショップにアクセスしてしまう
こんなふうに書いていきます。

それぞれの対策は、
●メルマガの登録を解除
●ショップに行かない
●服を買ってばかりいる友達と距離を置く
●美容院には、文庫本を持参する
●新しい趣味を開拓
こんなことが考えられるでしょう。

自分なりの買い物の傾向を書き出そう

過去1年の買い物の履歴を調べてみましょう。

- 洋服　　　　　　円
- 雑貨　　　　　　円
- 贅沢品　　　　　円

習慣は、「きっかけ→ルーティン（行動）→報酬」という流れでできています。
この「きっかけ」を考えてみよう。

質問1　自分らしいスタイルって何？

例［地味でカジュアルで、環境に負荷をかけない服、
ヨーロッパ風のインテリアグッズ　など］

［　　　　　　　　　　　　　　　　　］

質問2　自分が買う基準とは?

例［安さ、他の洋服との合わせやすさ、
流行りのフォルムかどうか　など］

［　　　　　　　　　　　　　　　］

質問3　「ついつい買う」のはなぜ?

例［インスタグラムで見てほしくなる、
ショップからセールのお知らせメールが来るとクリックしてしまう、
ファミリーセールに行ってしまうから、
ボーナスが入るから、福袋が好きだから　など］

［　　　　　　　　　　　　　　　］

質問4　それをやめるには?

例［インスタのアプリを削除、ショップのメルマガを解除、
必要ないのにファミリーセールに行かない、
ボーナスは貯金に回すようにする、
福袋には良いものばかりではないと心得る　など］

［　　　　　　　　　　　　　　　］

POINT

「いつ、どんなときに買うのか」を探ってみよう。

ポイント5　処分計画を立てる

洋服の無駄買いが多い人は、持っている洋服の数も多すぎるはず。
ここで少し断捨離をしましょう。
そのための計画を、管理ノートに書いてください。

たとえば、

- 捨てたほうがいい服、多すぎる服
- 片付けたほうがいい場所（クローゼット、たんすA、たんすB、ベッドの下、床の上など）
- いつ断捨離するか（スケジュールを決めて予定に入れます。そうしないといつまで経っても断捨離できません。毎日15分やるのもおすすめです）
- 処分方法（寄付、家族にあげる、バザーに出す、オークションやフリマで売却する、など）

●断捨離目標（2020年の終わりまでに服の数を現在の50パーセントにする、など）

このように、具体的な計画を立てると、より実行しやすくなります。

ポイント6　買い物の代わりにやることを書く

洋服の買い物をしたくなったら、代わりにやることをあらかじめノートに書いておきます。

そうすれば、うっかり買い物をすることを防げるでしょう。

たとえば、

●運動する（縄跳び、ジョギング、筋トレ、サイクリングなど。縄跳びをしたいなら、縄を身近に用意しておきます）

●散歩する

●料理する

- 何かの勉強をする
- 読書（買い物をしたくなったら読む本を、そばにおいておきます）
- 大人のぬり絵をする
- 管理ノートを充実させる
- 創作（詩・小説を書いたり、作曲したり）
- 友達に電話する
- 掃除
- 草取り

買い物をしたくなったら、すかさずこのページを開き、意識して別のアクションを選んでください。

ポイント7　その他のオプションを書く

そのほか、買い物をしすぎないために、必要だと思うページを作ってください。

例を挙げますね。

●30日間待つリストのページ

服を買いたくなったら、とりあえず、ここにすべて書きます。

1ヶ月経ってもまだほしい気持ちが残っていたら購入を検討します。

●リフォーム計画のページ

洋裁が得意な人は、手持ちの服を生まれ変わらせる計画を書いておきましょう。

スカートの裾上げをするとか、袖を切るとか、染め変えるといったことです。

●服を買わないための名言集のページ

衝動買いを戒める名言を見つけたら、書いておきます。

たとえば、ココ・シャネルの「La mode se démode, le style jamais.（流行はすたれるが、スタイルは生き続ける）」。

●失敗リストのページ

服の買い物で失敗したものを書き出し、失敗した理由を書いていきます。

このほかにも、自分の買い物を客観的に見つめることに役立ちそうな情報はすべて、このノートにまとめます。

管理ノートは1回書いただけで終わりにせず、まめにチェックし、更新してください。

ノートを使い込むことで、だんだん「買わない人の思考」になっていくからです。

頭の中で考えているだけではなく、実際に文字にすることで、自分の現在地点や目標が明確になります。

服の買いすぎに悩んでいる人は、ぜひお試しください。

細かく具体的に管理計画を立てよう

実際に文字にすることで、自分の現在地点や目標が明確になります。
それぞれの質問に答えながら進めていきましょう。

ステップ1　捨てたほうがいい服はどれ？

例［着なくなったシャツ2枚、毛玉ができたコート1着　など］
［　］
［　］

ステップ2　片づけたほうがいい場所はどこ？

例［収納引き出し、クローゼット右奥　など］
［　］
［　］

ステップ3　「○月○日絶対に片づける！」と決める

●どうやって？
［　］

●それまでの保管場所など
例［タンスやクローゼット　など］
［　］

これから「無駄買い」しそうになったらすることリスト

例［ショップに立ち寄って買いそうになったら、
一度カフェに行って冷静になる
「ひとつ買う前に、ひとつ捨てる」というルールを作る］
［　］
［　］
［　］

POINT

「何をどうするか」の決意表明をしよう。

感情に流されて余計な買い物をしないために

人間は感情の生き物なので、衝動的に、感情に突き動かされて、買い物をしてしまうこともあるでしょう。

ですが、衝動買いを減らすことはできます。

自分の感情とうまく付き合って、できるだけ理性的に買い物をする戦略を４つ紹介します。

戦略１　期間を区切って「買わない練習」をする

まず、買うつもりのなかった物を買う回数を減らすために、買い物自体を制限します。

店舗の棚や、通販サイトのどこかで商品を見かけて、うっかり買ってしまうことは、誰でもあると思います。

サラダ油と牛乳が切れたからスーパーに行ったのに、クッキーや雑誌も買ってきたら、このクッキーと雑誌は予定外の買い物です。

このように、意図していなかった商品を買わない練習を、期間を区切ってやってみましょう。

買い物に行く前に、買うべき物をすべて書き出して、それだけを買うようにすれば、予定外の物が入り込むことはありません。

買うべき物を頭の中だけで覚えているのはけっこう大変です。

私は、メモがないと、たいてい、ひとつふたつ買い忘れてしまいます。

おすすめは、常に買い物リストを書いて用意しておくこと。

それができなくても、店に入る前に、必ず買う物を脳内で確認してメモ帳に書き留めるか、スマホのメモ機能を使ってメモしておくといいです。

「メモを持たずして、お店に入ってはいけない」と肝に銘じるのです。

買い物メモを書いたことがない人は、最初はすごく面倒に感じるかもしれません。

けれども、慣れれば、メモを書くメリットに気づくでしょう。

メモに書いて、必要な物だけを買うほうが、無駄な物を買わないし、頭も疲れないし、買い物時間も短縮できます。

この練習をしているときは、たとえ、普段、自宅で使っているものが大幅に値引きされているのを発見しても、とてもおいしそうな新商品のスイーツが目に入っても、買いません。

なぜなら、それは予定外の買い物ですから。

どうしてもほしかったら、家に帰って新たに買い物メモに書き、翌日購入してください。

実物（ネットの場合は画像）を見て、「あ、ほしい」と思っても、帰宅したり、ブラウザを閉じたりすれば、わりとあっさり忘れます。

それを見た瞬間は魅力的なものに思えますが、その目新しさは長続きしません。

練習する期間は、普段の買い物の頻度にもよりますが、1ヶ月くらいでしょうか。

私もここ数年意識して、この練習をしています。

店舗に買いに行くときは、いつもメモ帳を持っていきますが、オンラインで何か買うときも、先に「買う物リスト」をアナログで書いてから買うようにしています。

戦略2　本当にほしい物とその値段を書いておく

「あら、かわいい」「素敵な色合いだわ」「あると便利かも」「安いじゃん」という、「ほしい度合」がそこまで高くない物をいくら買っても、自分の本当にほしい物を手に入れない限り、人は満足できません。

100均で買った雑貨が、次々とガラクタになってしまうのも、そこまでほしくなかったのに、買ってしまうからです。

自分が本当にほしい物を買う生活に近づくために、ほしい物とその値段を書いたりストを作ってください。

いつ手に入れたいかも考え、それを手に入れるには、月々どのくらい貯金する必要があるかも計算します。

そして、実際に貯金をはじめます。

そんなに高くないものなら、月々の給料から、少し取り除いて、封筒に入れておけばいいでしょう。

こうやって、本当にほしい物を買うことに意識を向ければ、どうでもいい物を買うことに、お金やエネルギーを注ぐ余裕がなくなると思います。

私も、本当にほしい物を書き出そうとしましたが、今のところ、ほしいと思える物はない、とわかりました。

必要な物はすべて揃っているからです。

一方で、ほしい物が山のようにあるという人も、いることでしょう。

家具でも洋服でも雑貨でも、「どうしてもこれがほしい！」と思う物があるなら、すべて書き出してください。

「必要な度合い」を見極めよう

なぜ、うっかり買ってしまうのか？
それは、コンビニやスーパーで「本当に必要な物」を買うようにしていないから。

- ティッシュペーパー　1箱
- 食器洗剤　1本
- 読みたかった本　1冊
- 以前試着して、ずっとほしかったジャケット　1枚
- 靴下　3足
- クリスマスカード　1枚

POINT

これからは、「メモに書いた物以外は買わない！」
と決めてしまおう。

戦略3　衝動買いの引き金になっている感情を調べる

「感情に突き動かされて買い物をしてしまう」と言っても、いろいろな感情があるでしょう。

自分がどんな感情のせいで衝動買いをしてしまうのかを、しっかり突き止めてください。

そして、そのような感情になる大元の原因を解決するか、別のことでその感情を処理できないかを考えてみます。

次に、買い物の原因になりそうな感情をリストアップしておきます。

マイナス感情が引き金になることが多いのですが、ものすごくうれしくて気が大きくなったときも、衝動買いをしてしまうことがあります。

いずれにしろ、平常心ではなく、感情が大きく揺れたときに衝動買いしがちだと言えます。

- 退屈、つまらない
- 悲しい
- ひどく傷ついている
- むなしい
- うつうつとしている
- 寂しい
- 自分は充分ではない、という気持ち
- 不満（自分の思い通りにいかない、自分の言うことを聞いてもらえない、自分を尊重してもらえない、など）
- みっともない
- 焦り
- 疎外感
- 居心地が悪い
- 怒り

●恐怖
●心配
●義務感（世間並みの暮らしをしたい、人並みにしたい）
●やっかみ、ひがみ

ほかにもあると思います。

衝動買いするたびに、どんな感情が引き金になっていたか、管理ノートや日記、スケジュール帳にメモしておくと、傾向がわかるでしょう。
おなかがすいていても、予定外の買い物をしてしまいがちです。

戦略4　買い物を引き起こす影響を最小限にする

スーパーなどで、ほかのお客さんが買っているのを見て、自分も同じ商品を買ってしまうことってありませんか？

私はあります。

デリの食品を選んでいるとき、他人の行動に影響を受けがちです。

このように自分の購買という意思決定に影響を与えるものをできるだけ最小限にします。

●飲酒の影響

お酒を飲んだ勢いで、たまたま見たオンラインショップで、そこまでほしくない物を買ってしまう人がいます。

その場合、お酒を飲む量や頻度を減らすか、お酒を飲んだあとはパソコンやスマホを見ないようにしましょう。

●時間帯の影響

オンラインショップで、最も商品が売れるのは、店によっても違いがあるとは思いますが、21〜23時あたりだと言われます。

メルカリで一番売れる時間帯を調べたら、社会人が買うような商品は20時以降だそうです。

たいていの人は、夜は心身ともに疲れているので、細かいことをあれこれ考えるのは面倒なもの。

感情のおもむくままに行動しがちだし、どんどんネガティブ思考になる人もいるでしょう。

夜間、スマホからの衝動買いが多いなら、夜はさっさと寝てしまうか、パソコンやスマホを見ないようにするのが一番です。

●家族・友人・知人の影響

家族や友達の影響で、不用品をたくさん買ってしまう人もいます。

たとえば、

・やたらと買い物に誘う家族や友達

・いつも最新の服をおしゃれに着こなしている同僚

・お得情報に詳しくて一方的にＬＩＮＥで教えてくれる友達
・フェイスブックのタイムラインが、買った物で埋め尽くされているフレンド
・インスタグラムで素敵なインテリアグッズを見せてくれる学生時代の友人

など。

「この人の影響がなかったら、自分はこんなに買い物をしていないだろう」と思うような人が近くにいたら、その影響を最小限にするために、できることをします。

簡単に人の影響を受けない自分になってしまうのが一番ですが、そうなるには時間がかかるかもしれません。

影響力のある人たちと時間をともにするときは、買い物以外のアクティビティを提案する、またはＳＮＳをチェックする時間帯を縮小するなど、工夫してください。

●メディア、広告の影響

「広告がきっかけで、買い物が増えている」と思ったら、広告に触れることを最小限にします。

ショップのメルマガやカタログを止め、テレビをダラダラ見るのをやめましょう。広告の見方を変えるのもおすすめです。

私は、学生の頃から、洋雑誌の広告を見てボキャビル（語彙を増やすこと）をするのが趣味だったため、日本の雑誌でも言葉の使い方や表現に目がいきがちです。最近は、ぬり絵をしているので、色の使い方や、文字の配置やフォントもよく見ています。

私にとって広告は、物を買うきっかけではなく、表現を豊かにするための素材を集めるもの。

ぼーっと広告をながめるのではなく、意識的に見ることによって、その影響を最小限におさえることができるでしょう。

QUESTION

❶「どこまで細かく書くべきですか?」

洋服にかぎらず、文具でも食器でも、すべてで管理ノートは使えそうと思ったのですが、どこまで細かく区切るべきでしょうか?

洋服は、「春物・夏物」「秋物・冬物」とわけたほうがいいでしょうか?

増えがちなペンなどの文具も、気づけば部屋のあちこちにあるのですが、それもまとめたほうがいいのでしょうか?

パンフレットや雑誌など、捨てたほうがいいのか迷うものまですべて書き出すとなると、けっこう途方もない作業になりそうで、始める前から気が遠くなります。

(アルさん)

ANSWER

筆子さんからのAnswer

アルさん、こんにちは。

まずは、もっとも数が多く、今後、買い物を控えたいと思う物や、ちゃんと管理したいと思う物から書いてください。

いきなり、あれもこれも書こうとすると続けられません。

何かひとつ、うまく管理できるようになってから、必要に応じて、ほかの物もノートやログを作っていくといいでしょう。

シーズンごとに洋服を書いてもかまいません。

ですが、どのシーズンに入れていいのかわからない服が出てきて迷う可能性があるので、あまり厳密に季節をわけないほうがいいでしょう。

だって、通年で着る服もありますよね？

要は、自分がどんな服を持っているのか、このノートを見ればわかる状態を作ればいいのです。

管理ノートを作るコツは、何から何まできっちり書こうとしないことです。

頭の中で覚えておかなくてもすむようにノートに書くのですから。

あとからいろいろ書き足せるように、書くときはスペースに余裕を持たせたり、ルーズリーフのようにページを書き足せるものを使うのもいいですね。

参考までに、私が作っている管理ノートについて書きますね。

私は、衣類は、ブログの記事として、写真つきでまとめて以来、特にノートは作っていません。

数が少ないので、簡単に目視できるからです。

２０１９年には、ぬり絵用の画材が増えすぎたため、画材を管理するためにノートを作り、すべて色出しをしました。

これは色見本としても使っています。

73ページで紹介した「買いたい物リスト（30日間待つリスト）」は、この本の最後で掲載しているスケジュール帳のページにメモ書きしています。

COLUMN

筆子の場合❶ 1000個捨てチャレンジ

なかなか物を捨てられない人は、捨てたい物や捨てたい場所について紙に書いておくと、いろいろなアイデアが湧いてきます。

また、紙に書くことで、一度頭でシミュレーションできるので、実際に片付けるときに、よりスムーズに捨てられるでしょう。

ここでは、よりスッキリ暮らすために私が実践した、「1000個捨てチャレンジ」をご紹介します。

「1000個捨てチャレンジ」は、リズ・ライトさんのTEDの動画に影響を受けてはじめました。

捨てるものの数は1000でなくてもかまいません。

でも100だと少ないし、1万だと数えるのが大変だから、1000くらいがちょうどいいのではないでしょうか。

何をひとつと数えるか？

所持品を100個にするとか、1000個の物を捨てるというチャレンジをするとき、まず何をひとつと数えるかが悩みどころですよね。

物をカテゴリーごとに数えるという考え方がありますが、カテゴリーでわけると、本を何冊捨てても、1個と数えることになってしまいます。

実際、私はこの数え方で、昔「1日50個捨てるプロジェクト」という方法を実践していましたが、かなり大変でした。

この経験から、「1000個捨てチャレンジ」では、どんな小さなものも1個（1アイテム）とカウントすることにしました。

メルマガひとつ解除しても、ひとつです。

ゆるいルールではありますが、あまり厳密にルールを決めて、ハードルを上げるとすぐに挫折するので、このくらいがいいと思います。

目標を決めても、いつまでに終えるかというタイムリミットを設けないと、いつになっても終わりません。

「いつか片付けよう」と思いながら、いつまでも汚部屋にいるのはそのせいです。

私は、最低1日2つ捨てて、500日で終えることにしました。

1日1個捨てれば1000日ですが、これだと2年9ヶ月なのでやや長いですよね。

1日10個捨てれば100日なので、3ヶ月ちょっとで終わります。

短期決戦したい方は、こちらがいいでしょう。

次に、1000個捨てチャレンジで使ったノートの作り方を紹介しますね。

ステップ1　ノートを準備する

捨てた物の数と内容を記録する専用のノートを用意します。

私は「1000個捨てノート」と呼んでいました。

私が使ったのは、無印良品で買った「週刊誌4コマノート」のA5サイズ。

なお、ノートに書くことで、捨てるハードルが上がってしまうとか、数えるのは面倒くさいと思うなら、書いて記録しなくてもかまいませんよ。

ステップ2　判断基準を考える

私が捨てる基準は、次のようなものです。

- 使い終わって、今後使う予定がない物
- 今、使っていない物
- 半年間触らなかった物

●邪魔な物
●あるべき場所からあふれている物
●自分の人生に役立っていない物

ステップ3　ターゲットを決める

私の場合、大半の物はもう捨て終えていたので、特に捨てたい物として、次の物をターゲットにしました。

●本

いまだに、本がたくさんあります。

紙の本、キンドル本両方とも減らしました。

●デジタルなガラクタ

特に、いらない画像素材、メルマガ、メール、スマホの中身（アプリ）など。

デジタルなガラクタは目に見えませんが、増えれば、心の平安を乱し、日々の活動の妨げになるのは、物理的な物と一緒です。

ステップ4　確実に捨てられる工夫を織り込む

1000個捨てチャレンジを成功させるために次のことも心掛けました。

●朝捨てる

朝、早いうちにさっさと捨てるのが、毎日、断捨離し続けるコツです。

●欲張らない

現在持っている物の量にもよりますが、1日に捨てる数（ノルマ）は、低めに設定したほうがいいでしょう。

たくさん捨てたいときは、たくさん捨てればいいわけです。

●毎日捨てる

私の1000個捨てチャレンジの最大のコツは、毎日、少しずつ確実に捨てること。

この「毎日」というところに注目してください。

1日置き、2日置き、毎週○曜日、としてもいいかもしれませんが、忘れてしまう可能性があります。

例外なく毎日捨てることにすると、忘れようがありません。

余計なことを考えずに、捨てる作業に取り掛かれます。

実際に私は1週間で、次のようなものを捨てました。

●ある英語サイトのメール

すでに退会していたつもりでしたが、メールが届いたので、改めて退会手続きを取りました。

●ある日本の会員サイト

メールは来ていなかったのですが、突然サイトリニューアルのお知らせが届き、その存在に気づいて退会しました。

●ある英語サイトの会員登録

●あるリアルショップのメール

ここは、メール配信システムを利用しておらず、メール停止のリンクがメールの中にありませんでした。

そこで、直接メールで今後のメール配信を断りました。

●本1冊

●本1冊

●本1冊

●手持ちのキンドルの中身を大幅に削除

キンドルをパソコンにつないで、どんどん削除しました。

●雑誌1冊

●雑誌の付録1冊

掲載誌の見本として送っていただいたものです。

●服（長袖のトップス）1着

ウエス（拭き掃除で使用する布）にしました。

●穴のあいたソックス1足

これもウエスにしました。

●辞書1冊

●穴のあいたスパッツ

ウエスにしました。

このように、実にちまちまと捨てています。

捨てる所要時間は1日15〜30秒あたり。

「ちまちま捨て」ですが、ちりも積もれば山となります。

物が入るときも、こんなふうにちまちまと入り、それがいつしか汚部屋を作ります（なかには、どさっと入る人もいるかもしれませんが）。

先ほども書きましたが、ものの数え方や個数にこだわると煩雑になるので、「自分が1個だと思えば1個なのだ」というシンプルなルールを設けています。

特に、完璧主義の人や細かいことにこだわりすぎる人は、ざっくりしたやり方にしないと、一歩も前に進めません。

1000個捨てチャレンジを達成することが大事なのではなく、1000個捨てチャレンジをしながら、所持品を減らし、生活習慣を見直し、理想の生活に近づくことが重要なのです。

小さな行動が大きな変化を生む

「断捨離をしているのにモヤモヤする」「捨てていても楽しくない。かえってストレスがたまる」というメールをいただくことがあります。

そういう人たちは、結果にこだわりすぎています。

プロセスを楽しむようにするか、それが無理なら、余計なことは考えず、淡々と実行すれば、そんなストレスは感じません。

どれも大がかりなプロジェクトではありません。

夫に言うと、鼻で笑われる程度の小さなことです。

ですが、こうした小さな行動を積み重ねることで、ガラクタであふれていた部屋がスッキリするような、大きな変化につながります。

NOTE 2

ネガティブな声を捨てる「ストレスノート」

日々のイライラをすべて書き出す

「なぜそんなに物を買ってしまうのか」と考えると、その原因のひとつにストレスがあると思います。

「ストレス発散のために買っている」という人が多いですよね？

そこで「買わない人」になるために、ストレスマネジメントのスキルを身に着ける、つまり、ストレスについて書くことをおすすめします。

「なんだか最近、イライラすることが多いな～」と思ったら、ノートを取り出して、思い当たるストレッサー（ストレスのもと、自分にストレスを与えるもの）をすべてリストアップしてください。

私はこのノートを「ストレスノート」と呼んでいます。

ステップ1　ノートを取り出す
ステップ2　筆記具を持って書き始める

手順は、これだけです。

ノートがなければ、紙切れでもいいですよ。

書き方は自由で、文章で書いてもいいし、マインドマップみたいにひとつの事柄を広げて発展させて書いてもいいし、絵日記みたいにイラストで表現してもいいでしょう。

ストレッサーと書くと難しく思われるかもしれませんが、簡単に言うと、その日に起きたことで、ちょっと自分の心がくじけたとか、心が折れかけたこと、「あれ？」と違和感を抱いたようなことです。

「仕事で大失敗した」「配偶者と大げんかした」「交通事故を起こしてしまった」などといった、劇的なことはそんなに毎日起きないでしょう。

ですが日々、ちょっとしたイライラの種があると思います。

たとえば、

●「古い服を着ていたら、貧乏オーラが出ていると言われて傷ついた」

●「ミニマムな暮らしについてブログにつづっていたら、微妙にネガティブなコメントが入った」

●「美容院に行ったのに、家族は誰も気づいてくれなかった」

●「せっかく夫の好きなカキフライを用意したのに、夫は外で食べて帰ってきた」

●「糖分をやめようと思っていたのに、お汁粉を食べてしまった」

●「子供がぐずぐずしていたので、保育園に遅刻した」

このような、本当に小さなこと。

おそらく、1週間くらいしたら忘れるようなことです。

ささいなことこそ、無視しない

脳の中ではこういうことは忘れようとしつつも、なんとなくモヤモヤと留まっています。

それらをいち早く紙に書くことで外に出してしまいます。

こうした日常の、小さなストレスほど少しずつおりのようにたまって、次第に大きくなり、買い物やお酒、甘い物に走るのだと思います。

もっとたまっていって大きくなったら、不眠症や心の病を引き起こします。

ですので、その日のストレスはその日のうちに出していきましょう。

もちろん、もっと深刻なストレスの元、重い悩みを書いてもかまいません。

文章の長さも、書く時間帯も、書く形式も問いません。

とにかく書くこと、書き続けることが大事なのです。

ちょっとしたストレスを、とにかく書き出そう

ひとりごとのような形でもかまいません。
イラッとしたら、その日のうちにどこかに書く。
そんな習慣を身に着けることで、頭の中のストレスが消えていきます。

ストレス1　**自分の今後**

もうすぐ50歳の大台に乗るのに、貯金が30万円ほどしかない。
今のところ、仕事はあるから、食べるのに困っていないけれど、
このままでいいんだろうか。
夫は最近、仕事がきつそうだ。
自営の時代が長かったから、
年金もあまり期待できそうにないなあ。
親が病気になって、介護なんてことになったら、
仕事できなくなるし、
やっぱりもっと貯金はあったほうがいいよね。

ストレス2　**理由はないけどイライラする**

理由はわからないけど、最近、イライラが止まらない。
イライライライラ。
朝、バスを待っているときからイライラするのがわかる。
バスがなかなか来ないときなんか特に。
筆子さんのブログには、自分でコントロールできないことを、
コントロールしようとするなと書いてあったけど、
どうしてもイライラしちゃうんだよね。
なんでかなあ。

ストレス3　**仕事のこと**

取引先の担当のあいつ、ほんっとうに頭に来る。
メールで言ってくることがころころ変わるんだよね。
コミュニケーションスキルゼロってやつ？　ゆとり教育のせい？
なんだかわからないけど、あいつのメールが来るたびに、
揃えた資料、全部作り直し。
おまけに、あいつが悪いのに、
上司はキミのせいだとか言うんだよね。
ああ、ろくでもない上司にろくでもない担当者。
なんで私ばっかりこんな目にあうんだ（怒！）

POINT
吐き出すことで、整理される。

自分のストレスパターンを知る

毎日のようにストレスノートを書いていると、自分がストレスを感じているパターンが見えてきます。

すると、次のようなことがわかってくるでしょう。

●自分にストレスを与えているものは何か

●そのストレッサーに対して、いつも自分はどんなふうに感じて、反応しているか

●そのストレッサーに対して、自分はどんなふうに感じて、対応しているか

「反応」というのは無意識に出てくるものです。

これは、実際に自分が行動したことを指します。

たとえば、人に何かを言われて深く傷ついたのは、無意識なとっさの反応であり、

実際には、あなたが相手に笑顔を見せたのなら、こちらは自分が取った行動です。

大きなストレスの元はわりとわかりやすいものです。

たとえば、

- 引っ越し
- 転勤や異動
- 近親者の訃報
- 失恋した
- 失業した

など。

このようなストレスは大きいけれども、自分でも気づいているのでみんな対処しようとします。

問題は、日々の小さなストレス。

こうしたストレスの多くは見逃され、それが積もり積もっていきます。

ストレスの元を取り除けないか考える

さまざまな刺激（ストレッサー）に対して、自分がどんな感情になったのか、また、どんな行動を取ったのかを知っておくと、ストレスをコントロールしやすくなります。

たとえば、いつも仕事の締め切りに間に合わせるのに必死で、1ヶ月のある一定の日に、ストレスを感じてお酒を飲みすぎ、クレジットカードを使いすぎているとします。

これは全く自分でコントロールできないことでしょうか？

なぜ締め切り前に焦るのか、その原因を考えてください。

そもそも仕事の量が多すぎるのかもしれないし、取り掛かるのが遅すぎるのかもしれません。

ギリギリまで放っておくから、直前になって重苦しい気持ちになっているなら、早めに仕事を進めていれば、そのストレスは取り除けるのです。

仕事が多すぎるなら、上司にそう言って割り振りを変えてもらうなり、人に頼めることは頼むなりすればいいし、できないことにはノーと言うことも必要です。

一方で、実際にはこうした仕事の調整は難しく、「自分にはどうしようもできない」と思うかもしれません。


私も昔は、どちらかというと仕事を抱え込むタイプでした。

けれども、責任の半分は自分にあったと思います。

大切なことは、「どこかで何かを変えられるかもしれない」と考えてみること。

変えるために、ほんの小さな行動を起こせば、ストレスの渦《うず》に巻き込まれることがなくなるのです。

たとえ、相変わらずストレスの渦がやってきたとしても、竜巻から、ごくゆるい渦になります。


子供がいつもギリギリに起きるため、毎朝、子供を起こし、弁当を作り、大急ぎで駅に送って行くことに対して、すごくストレスを感じているとします。

この場合、なぜ子供が起きるのが遅いのか考えてみましょう。

寝るのが遅いのなら、もっと早く寝かせればいいのです。

寝る直前までゲームをしていて、ゲーム機のバックライトのせいで、うまく入眠ができず、朝起きられないのなら、夜、ゲームをさせなければいいのです。

または、お弁当を早く作れるように、前日に下ごしらえができるかもしれないし、強力な目覚まし時計を使うこともできるでしょう。

子供が遅く起きる原因を取り除けば、自分のストレスも軽減できます。


お金がなくて漠然とした不安を抱えている人もいるでしょう。

毎月の給料をすべて使ってしまい、赤字で貯金ができないというケース。

来月はなんとか貯金しようと思っていても、毎月同じ状態が続きます。

老後のことも心配になるかもしれません。

この場合も、頭の中でお金のやりくりをするのではなく、自分の経済状況を一度、すべて書き出してみると、気分が楽になります。

なんとなくお金がないと思っている人は、現実に向き合うのを恐れて、収支を把握するのを避けようとしますが、これが余計なストレスを生んでいます。

把握していないから、頭の中で得体のしれない恐怖が膨れ上がるのです。

ところで、「幽霊の正体見たり枯れ尾花」ということわざを知っていますか？

これは、

「幽霊だと思って怖がっていたけれど、よく見たらすすきの穂だった」

つまり、

「実体を確かめてみたら、平凡なものだった」

という意味です。

このことわざが表すように、人間は正体のよくわからないものを恐れます。

別に怖がらなくていいことであっても……。

ですから、毎月、自分がいくら稼いでいて、いくら生活費に使っているのか、一度、きっちり数字を出してください。
その結果、思ったより、お金があることがわかるかもしれません。
お金のない現実を目の当たりにしたとしても、
「無駄遣いしすぎているから、今後はしないようにする」
という対策を取ることができます。
すると、得体のしれない不安から解放されます。

細かく考えるなんて、面倒くさいと思うかもしれません。
ですが、考えてノートに書くことなんて、時間にして5分〜10分です。
時間をかけて考え込んだとしても30分くらいでしょうか。
どこかに行く必要はないし、コストだってほとんどかかりません。
どこの家にも鉛筆の1本くらい転がっているので、筆記具はすぐに準備できます。
ノートもとても安価です。

毎日こまめに、ノートにストレスを感じることを書くだけで、甘いもののドカ食いや、深酒、無駄遣いを防ぐことができるのです。

「今、ストレスでいっぱいで、このままでは本当に追い込まれそうだ」という人は、だまされたと思って、今日からストレスノートを書きはじめてください。

QUESTION

❷「いつも同じことを繰り返し書いているだけです」

ストレスノートを実践したいと思い、手持ちのノートに書き続けています。でも、だいたいが、「友達が仕事で成功していてうらやましい。私はいつもミスばかりなのに」とか、「友達の旦那さんは優しそうでいいな。私の旦那は優しくないし、気も利かない。私ばかり疲れていてつらい」など、ストレスノートというより、愚痴ノートになっています。

読み返しても、毎日同じような内容ばかり。

これでいいのでしょうか？

（ABさん）

ANSWER

筆子からのAnswer

ABさん、こんにちは。

愚痴の連続でもかまわないし、毎日同じ内容でも問題ありません。

書き続けてください。

「もっと前向きなことを書こう」とか、「違う内容を書こう」と思うと、今度はそれがストレスになります。

書かないよりは、書いたほうがスッキリします。

それに、そのうち、同じ内容ばかり書くのに飽きてきて、内容が変わってきます。

同じ内容が続くということは、特定のストレスの元があるということ。

時々客観的に読み返して、そのストレスの元を見つけて対処してください。

すごくむしゃくしゃしたときは、不満を書きなぐって、ノートから書いた紙を引きちぎり、ビリビリにやぶったり、燃やしたりするのもおすすめです。

COLUMN

筆子の場合❷ 食事の記録ノート

私は、岡田斗司夫さんの『いつまでもデブと思うなよ』（新潮社）という本を読んでから、食習慣を整えるために、食事の内容を毎日ノート（フードジャーナル）に記録しています。

これは、一応食べた物を書くノートではありますが、私は以前、「明日から本気でダイエットする！」とか、「明日こそナッツを爆食しない」なんてこともよく書いていました。

そう書いてはいたものの、本気ではなかったらしく、結局翌日は朝からナッツをポリポリ食べていました。

そんなときは、「私って学んでいない？」と書いたりも……。

昔は、自分が食べた物の記録より、ぼやきが多く、「食事の記録ノート」が、ただの「ぼやきノート」になっていたものです。

しかし、長年書き続けるうちに、ぼやきは姿を消し（146ページの「モーニングページ」を書き始めたせいもあるかもしれませんが）、今は、淡々と、日々、食べた物を記録しています。


長年続けるうちに、やはり食事の記録をちゃんとつけたほうが、食べすぎを防げることがわかりました。

私の場合、ただ食べた物を記録しているだけですが、食事の仕方を変えたいときは、自分が感じていることや、食べたときの状況も一緒に書いたほうがいいかもしれません。

たとえば、

「ちっともおいしいと思わなかった」

「ほかのことが気になって食事に集中できなかった」

「食べすぎて苦しい」

「毎日同じものばかりで飽きてきた」

といった、自分の感情。

または、

「デスクで、パソコンに向かいながら食べた」

「大慌てで、口の中に食べ物を放り込んだ」

「テレビを見ながら食べた」

「スーパーのお惣菜のトレイからそのまま食べた」

「夫が子供を叱っている隣で、いやな気分で食べた」

などといった状況について細かく書くのです。


食生活を見直したいときは、状況をしっかり調べて、何が起こっているのか自覚することが第一歩です。

フードジャーナルをつけ、自分でいろいろ考えてみて、過食する原因が見つかったら、その原因を解決します。

原因といってもいろいろ考えられますが、心理的な要因、たとえばストレスを解消するために食べているのなら、ストレスマネジメントをすればいいわけです。

普段、気にかかっていることや心配なこと、不安なことがないか考えて、そうなってしまうそもそもの原因を取り除きます。

もし取り除くことができないなら、自分の考え方を変えたりして、うまくストレスと付き合うようにするといいでしょう。

習慣を変えていけばいい

日々の食事も習慣のひとつです。

習慣を形作っている3つの要素（きっかけ→行動→報酬）のどれかを、変えるか壊せば、その習慣を変えられるでしょう。

きっかけを避けることができないなら、そのきっかけを受け取ったとき、お菓子や菓子パンを食べるのではなく、ほかのことをすればいいですよね。

お菓子ではなく野菜を食べる（プチトマトや一口で食べられるように野菜を切って冷蔵庫に常備しておく）、水やお茶を飲む、運動する、読書する、日記やブログを書くなど、いろいろあります。

行動を変えるために環境も整備してください。

家にお菓子や菓子パンをストックしなければ、食べたくても食べられません。

NOTE 3

できないことに
フォーカスする思考を捨てる
「感謝ノート」

「本当に大事なこと」は、感謝の中に隠れている

世間では「もっと感謝しましょう」とよく言われています。

その一方で「無理に感謝するのはよくない」「感謝とは自然に湧き出てくる気持ちであるべきだ」と言う人もいるでしょう。

私自身は感謝できることを探して、「ありがとう」と言うのはいいことだと思います。

多くの人は、あまりにも便利な暮らしに慣れすぎて、感謝するのを忘れがちですから。

それに、感謝すると、次のような素晴らしいメリットがあります。

メリット1　健康になる

感謝すると、心身の健康が得られます。

日々、いろいろなことをありがたく思っていると、今より絶対、不満を感じることが減ります。

そもそも、感謝するためには、物事のいい面を見なければなりません。

最低でも、起きたことをそのまま客観的に受け止めるニュートラルな考え方でいないと、感謝できないからです。

ネガティブな考え方のまま、さまざまなことに感謝するのは難しいものです。

ですから、感謝できることを探そうとすると、嫉妬、妬み、恨みつらみ、不満、後悔といったマイナス感情を手放せるでしょう。

実際、感謝することで、うつになる率が下がるという調査結果があります。

心が健康になると、身体も健康になります。

ストレスが減れば、免疫力がアップし、病気に強い身体になると言われてますから。

日常的にストレスにさらされている人は、風邪をはじめとしたさまざまな病気にかかりやすいものです。

ストレスホルモンが出ているときは、戦う、あるいは逃げる体勢になっており、免疫機能はお留守になるからです。

ストレスが減れば、イライラを解消するための暴飲暴食も減り、ますます健康になるでしょう。

メリット2　幸せになる

前向きな考え方をしている時間が増えると、より幸福になります。

実際、幸福な人の習慣のひとつに「日頃からいろいろなことに感謝する」ということがあるようです。

これは、今の収入が2倍になったときに抱く幸福感と同じくらいだとか……。

収入は変わらなくても、毎日5分感謝するだけで、うれしくなってしまうのですね。

「幸福感が増えるより、お金が増えたほうがいい」という人もいるかもしれませんが、「お金がたくさんあるほうが幸せだ」と思っていると、どれだけお金があっても幸せになれません。

それに、お金が増えたところで余計な買い物が増えるだけだったら、ガラクタが増えて、新たな心配の種が生まれます。

メリット3　よく眠れる

寝る前に15分間、感謝できることを書くと、よりぐっすりと長く眠ることができる、という調査結果があります。

つまり、睡眠の質が上がるわけです。

寝る直前に人とケンカしてムカムカすると、すんなり眠りに入ることができません。

私は身をもって、これを体験しています。

昔、私が寝ている横で、夫がいつまでもテレビを見ていたことがあり、以前、私はそのことについて、よく文句を言っていました。

テレビのブルーライトを浴びたくないからです。

ときに大きなケンカに発展することもありました。

そんなときは、決まって、すんなり眠れません。

「寝る前にケンカするなんて、何を馬鹿なことをやっているのか、私は」と後悔したものです。


今でも、本当はさっさとテレビを消してほしいのですが、ケンカをしたくないので、夜間に文句を言うのは避けています。

夫も疲れていますしね。

寝る前は心穏やかでいることがベストです。

ちなみに、ストレスを感じることは昼間のうちに書き出し、寝る前は、心がほんわかとするような、うれしかったことを書いたほうが眠りの質が上がります。

メリット4　セルフエスティームが上がる

「私はこれで大丈夫」と思う気持ちをセルフエスティームと言います。

感謝するとセルフエスティームが上がるのは、なぜでしょうか？

それは、考え方がポジティブになるからです。

セルフエスティームの低い人は自分に自信がないので、人に言われたことを必要以上に悪く捉えてしまいます。

たとえば、自分のブログに軽い批判コメントが入っただけで、自分の全人格を否定されたように感じ、半日くらい暗い気持ちを抱えたままでいてしまう。

でも、「自分は大丈夫」と思っていれば、「考え方の違いにすぎない。みんな違ってみんないいんだから」「ちょっと伝え方が悪かっただけね。これから気をつけよう」「こんな細かいところまでチェックしてくれてありがとう」などという気持ちになれます。

もし、セルフエスティームが低いという自覚があるなら、毎日10〜15分、時間を取って、今感謝していることを10個くらい紙に書いてみてください。

私は、朝一番に、ある人が感謝した結果をルポしているオーディオブックを聞くことがありますが、それを聞いていると、とてもポジティブな気持ちになります。

メリット5　人に好かれ、人間関係がよくなる

感謝をする人は、よい人間関係を築くことができます。

ご主人や奥さん、子供、近所の人に、なかなか「ありがとう」と言わない人が、突然、「ありがとう」と言うようになったら、どうなると思いますか？　けんかすることが少なくなり、今よりにこやかに、仲良く暮らすことができるでしょう。

ほがらかな気持ちは人に伝染するからです。

また、小さなことでも友達に感謝する人は、友達から好かれます。

たとえば、友達が誕生日にカードを送ってくれたり、映画に付き合ってくれたり、

ペットを預かってくれたり……。

そんなとき、ちゃんとお礼を言いたいものです。

私は車を運転しないので、日本に帰るたびに、車であちこち連れ出してくれる友人がいます。

本当にありがたいです。


人に（心から）ありがとうと言われて、うれしくない人なんていません。

私は、社交辞令でも感謝されるとうれしくなります。

感謝する気持ちが生まれると、人に親切にできるようになるので、これもまたよい相乗効果を生みます。

周囲に笑顔が増えるというわけです。

メリット6　仕事で成功する確率が上がる

感謝をすると、人間関係がよくなるので、仕事で成功しやすくなります。

どんな仕事でもチームワークが重要ですよね。

人から好かれるかどうかは、ビジネスで成功する鍵になります。

今、役職についている人はてきめんに効果を感じるでしょう。

大人になると「できて当たり前」と考えることが多くなりますよね。

頑張っているのに認められなくて、心身のバランスを崩してしまう人が多いのではないでしょうか？

部下のちょっとした働きに心から感謝していると、部下のよいところを伸ばすことができます。

ほめられると誰でもうれしいですから、部下も一生懸命働くようになると思います。

メリット7　余計な買い物が減る

感謝することで得られる恩恵、最後は「余計な買い物が減る」です。

「ありがたい」と思うことで、ストレスが減り、セルフエスティームが上がって、より幸福な毎日を送ることになれば、もう誰も余計な買い物をしません。

必要でない物を買ってしまう理由はさまざまですが、多くは感情的な買い物です。

- ストレス解消のために買い物をする
- 退屈だから買い物をする
- 今の生活に満足していないから、物でグレードアップを狙う
- 見栄を張るために買い物する

このように、最初にマイナス感情があって、それをなんとかするために余計な物を買ってしまうことが多いのではないでしょうか？

感謝することでマイナス感情が減り、「自分は大丈夫だ」という気持ちになれるので、結果的に無駄な買い物が減るのです。

余計な買い物が減れば、住環境がよくなり、節約もできる。

いいことづくしですね。


感謝する――。

このシンプルな行動が、日々の問題の数々を解決する力を持っています。

単に、「今年はいっぱい感謝しよう」と思っていても実際は感謝できないので、1日10分などと時間を決めて、強制的に感謝するようにしてください。

感謝できることを探すクセをつけると、感謝できることが見つかりやすくなるのは事実です。

人は、探し求めているものを見つけるというか、探しもしないものや意識を向けないものは、まず見つけることができません。

そこにあっても気づかないのですから。

1年ほど意識的に感謝することを続けると、それが当たり前になるので、ごく自然に、物事のよい面を見られるようになります。

「ありがとう」はノートに書き残そう

悲観的になりやすい人は、感謝ノートを書くことをおすすめします。

ただし、「毎日感謝ノートを書きさえすれば、世界がバラ色になる」と思うのは禁物です。

それは、「断捨離さえしていれば、運がよくなる」と考えるのと同じこと。

何時間、感謝ノートを書いたところで、汚部屋は勝手に片付きません。

「感謝さえしていれば、幸せが引き寄せられる」などという考え方をしていると、そうならないときにかえってストレスがたまります。

感謝ノートをつけるのは、あくまで主体的に人生を生きるひとつの手段と考えてください。

感謝ノートを書く手順は、シンプルです。
ステップ1：ノートを開く。
ステップ2：感謝できることを自分の言葉で自由に書く。箇条書きでもOK。絵やマインドマップにしてもいい。
たったこれだけ。

感謝できることは無限にある

感謝する内容は、いくらでもあるでしょう。
たとえば、ピンク色の財布ひとつとっても、いくらでも感謝できます。

- 好みの財布を見つけられた幸運に、ありがとう
- 財布に入れるお金を稼げる教育を与えてくれた学校、ありがとう
- 財布を入れるバッグをデザインした人、ありがとう
- 財布を企画してくれたメーカーの人、ありがとう

●財布を作ってくれた工場の人、ありがとう
●財布を染めたピンクの染料を開発してくれた人、ありがとう
●ピンクの染料で汚れてしまった川や海、いつも水に流してくれてありがとう
●財布を運搬してくれたトラックの運転手さん、ありがとう
●財布を売ってくれたお店の人、ありがとう

さらに、財布そのものに感謝することだってできます。

●いつも、私のお金を運んでくれて、ありがとう
●お札をきれいに保ってくれて、ありがとう
●そのピンク色で、私を楽しい気持ちにしてくれて、ありがとう

など。

また、自分の境遇に感謝することもできます。

●毎日財布を持って、元気で会社に行けるなんて本当にありがたい。お母さん、健康

な身体をくれて、ありがとう

など。


どんなことでも感謝できます。

悪いことですらも。


私は歯が悪く、よく痛みに悩まされ、歯医者にお金と時間をたくさん使っています。

このことですら、感謝のタネになります。

自分が歯で苦労しているから、娘にはこんな苦労を味わわせたくないと思いました。

そこで、娘が小学校1年のときから、毎年、歯の検診に連れて行ったのです。

娘は今、21歳ですが、虫歯になったことはありません。

「歯が悪いといろいろ痛い思いをするけれど、娘の歯の健康を気づかうことができたから、それはよかったんだ。ありがとう、歯の神様」

と感謝できるわけです。

娘に虫歯がない理由が、毎年の検診のおかげかは、実際のところはわかりません。

けれども、感謝の気持ちは、主観的なものですから、何をどんなふうに感謝しようと、それは自分の自由だと言えます。

1人で生きている人はいないから

デヴィ夫人は、あるインタビューの中で、

「人間、生まれたときは何も持っていない、誰だってゼロ。人生で自分が手にしているものは、すべて世の中からいただいたもの」

と言っています。

今、自分の部屋にある物や、自分が手にしている境遇は、ほかの人がいたからこそ、実現したのです。

親がいなかったら自分は生まれなかったし、親だって、その親がいなかったら生まれませんでした。

1人で生きている人はいません。

人間はみんな、場所や時間を越えて、お互いがお互いに影響を与えあっています。自分が今、元気でいられるのは、たくさんの人たちのおかげなのです。

そう考えると、もう感謝することだらけではないでしょうか？

自分のブログのタイトルを、「筆子の感謝ジャーナル」に変えて、毎日、感謝できることだけを3つずつ書いても、ネタ切れしない自信があります。

書きはじめて、継続できなかったとしても、失う物はありません。

「途中でやめちゃったら、買ったノートが無駄になる」などと考えているなら、ノートは使わなくてもかまいません。

口頭で誰かに話せばいいし、他人に言いたくなかったら、自分の心の中だけで感謝できることを思い浮かべるだけでもいいのです。

メールやカード、手紙で、感謝したい人に実際に気持ちを伝えられたら、なおいいですね。

毎日3つ、感謝できることを探してみよう

「ありがとう」と感謝することで、ストレスが減り、
衝動的に買い物をすることがなくなります。

○月○日

1 天気予報で傘がいるとわかった。
天気予報士さん、ありがとう。
2 遅れずに会社に行けた。
電車の職員さん、ありがとう。
3 今日もつつがなく仕事ができた。
パソコン、ありがとう。

△月△日

1 お酒を飲んだけど、二日酔いにならなかった。
健康な身体、ありがとう。
2 朝、ちゃんと時間に起きられた。
起こしてくれた家族、ありがとう。
3 おいしいお惣菜に出会えた。
スーパーの人、ありがとう。

POINT

視点を変えて、考えるようにする。

QUESTION

❸「気後れしてしまい、書けません」

ふと疑問に思ったことがあります。

毎日3つ感謝するとなると、1年でも365日×3つの感謝＝1095項目の感謝を見つけられたということでしょうか？

そう考えると、重複してしまうように思って、少し気後れして、私にできるのかどうかと、始める前から考え込んでしまっています。

3つの感謝は重複してもいいのかどうか、教えてください。

（もとぅさん）

ANSWER

筆子からのAnswer

もとぅさん、こんにちは。

ご質問ありがとうございます。

非常に興味深い質問ですね。

もとぅさん、もしかしたら完璧主義な傾向がありませんか？

感謝が重複するとかしないとか、そんなことはどうでもいいのです。

お好きなように感謝して、お好きなようにノートに書いてください。


そもそも、もとぅさんは、なぜ感謝ノートを書くことを思いついたのですか？

私が感謝ノートを書くことをおすすめしているのは、足りないことや状況ではなく、すでに自分が手にしていることに意識が向くからです。

すると、余計な買い物は減るし、いろいろなことに対して、ありがたいなという気持ちになれて、なんとなく楽しくなるし、他の人に親切にもできます。

COLUMN

筆子の場合❸ 朝起きて、すぐ書くノート

私の著書『それって、必要？』（KADOKAWA）でも書きましたが、アメリカのジュリア・キャメロンさんが紹介した「モーニングページ」という、創造性を生むためのツールがあります。

私はこれを毎朝書いています。

キャメロンさんご自身が脚本や詩、小説などを書くライターであり、また映画を作っているため、創造性を高めるワークショップもやっています。

そのワークショップでおこなうワークのひとつが、このモーニングページ。

彼女の本『ずっとやりたかったことを、やりなさい。』（サンマーク出版）に詳しく書かれています。

モーニングページを書く手順はシンプルです。

朝起きて、なんでもいいから3ページ書く。

これだけです。

何を書いてもかまいません。

とにかく、思ったことをどんどん書いていくだけです。

ブレインダンプと似ていますが、モーニングページは、「ベッドサイドに紙とペンを常備し、ベッドから出たらすぐに書く」というルールです。

ベッドの中で書いている人もいます。

私は起きてすぐではなく、一連の朝のルーティンをし、ジョギングをしたあと、書いています。

起きてから90分くらいあとでしょうか。

気持ちの整理がつき、前向きになれる

家の中で物がたまっていくと、目に見えてわかるので、「そろそろ片付けなければ

ば」と自分で気づくことができます。

しかし、心の中（脳内）で、いろいろな思考や情報が入り乱れ、ゴチャゴチャになっていても、気づきにくいものです。

なんとなく気持ちがモヤモヤしたり、ストレスがたまってスッキリしないということはあるでしょう。

そんなとき、多くの人は、「ストレス解消をしよう！」とバンバン買い物をしたり、ドラマを全シーズン、一気に見たりして、とりあえず心を麻痺させようとします。

考えないようにするのです。

問題から目をそらせるわけですね。

ですが、それは根本的な解決ではないので、しばらくすると、またモヤモヤしてきます。

モーニングページを利用して、頭の中のガラクタを出すようにしていくと、すべてが解決できることはないにしても、より建設的な生き方ができると私は考えています。

ひとつの「朝活」として、あなたもはじめてみませんか？

NOTE 4

やらなくても
いいことを捨てる
「日記」「手帳」

日記は自分の成長を感じるもの

より充実した人生を送る手段として、日記を書くこともおすすめです。

これまで紹介したブレインダンプや感謝ノートと違い、日記は、時間の流れに沿って、書いた内容がどんどん積み重なっていくという特徴があります。

読み返すことで、記憶がよみがえったり、自分の成長を感じたりもできるでしょう。

また、読み返さなくても、書くことでストレスを解消したり、心の中を整理したりもできます。

日記の書き方は簡単です。

1　好みのノート（日記帳）を用意する

2　ノートを開く
3　自由に書く

日記は日々の出来事や自分の行動を記録するもの。

紙とペンがあれば誰でも簡単にはじめられます。

シンプルであるがゆえに、日記は奥の深い人生のツールです。

アプリやフリーソフトを利用する人、ブログを日記帳代わりにしている人も多いですね。

私は手書きにこだわり、ずっと紙の日記帳を使っています。

私の日記歴

まず私の日記歴からお話ししますね。

初めての日記は、夏休みの宿題として書いた朝顔やへちまの観察日記です。

その後、鍵付きの日記帳にあこがれて、小さな日記帳を手に入れました。

しかし、毎回鍵を開けて日記を開くのが面倒で、数日で挫折しました。

高校のときは友達3人と交換日記をしていましたが、とても楽しかった思い出があります。

私以外は2人とも絵がうまく、イラストを見るのが楽しみでした。

私はこの頃から、やたらと長い日記を書いていたんです。

1978年に、味の素から「赤い手帳」（働く女性をターゲットにした手帳）というものが出たとき、雑誌で宣伝を見て、早速、買ってみました。

昔は今ほど手帳が豊富ではなく、特に女性向けのものは新鮮でした。

赤い手帳にちょこちょこと備忘録を書きはじめてからは、日記は書かなくなりました。

やがて、赤い手帳は途中で能率手帳にバトンタッチ。

ずっと手帳を日記代わりにしていましたが、あるとき、たまたまビジネスダイアリーをもらったので、また日記をつけはじめました。

とは言っても、昔のビジネスマンが会社のデスクで書くようなノートです。

手帳より、たくさん書けるので気に入っていました。

日々、日記をつけていて、次のようなメリットを感じています。

メリット1　心の整理ができる

いつも、私の頭の中はいろいろな考えや思いで混乱しています。

自分の感情だけでなく、昼間覚えた単語、その日に起きた衝撃的な事件のショックなど、無意識レベルでもたくさんの情報が混在していることでしょう。

そのまま何かを考えようとすると、結局、こうした情報の整理整頓だけに終わってしまいます。

ガラクタを「片付け」と称して、場所を移動させるだけというイメージです。

こうした情報を紙の上に出してしまえば、頭の中がスッキリします。

たとえ問題を解決することができなくても、いったい何が問題なのかということはわかるのです。

たとえば、

「自分が断らなかったから、仕事が増えて、忙しくてストレスがたまっている」

「やるべきことを後回しにしていたので、今になって忙しくなっている」

「物に対するこだわりが強すぎるから、何を買っても満足できない」

「相手の立場に立って考えないから、けんかになってしまったんだ」

といった問題です。

メリット2　自分自身のことがよくわかる

現在の問題がわかると、その問題についてじっくり考えることができるでしょう。

頭の中にあったあれこれを紙の上に出せば、脳に「思考するスペース」が生まれるからです。

いろいろ考えながら日記を書くことは、自分自身と対話するということです。

●本当は、自分は何がしたいのか

●どんなことがあると自分は幸せなのか

反対に、

●これがあるから自分は毎日不満なのだ

といったことが浮かび上がってきます。

たとえ日記帳の上には出てこなくても、心の中で気づくのです。

メリット3　ストレスが減る

つらいことや悲しいこと、非常に腹立たしいことがあったとき、私はすべて書いています。

文章にするには、客観的に見る必要があるので、程度の差こそあれ、日記は第三者の目線になることができます。

つまり、「渦中の人だった自分」が、別の視点で物事を見られるということ。

すると、つらかったことや悲しかったことは「それほどでもない」と思え、頭に来たことは「自分も悪いところがあった」という反省材料になり、精神的ショックがやわらぎます。


そして、過去にこだわらず、「今、このとき」に向き合えるのです。

ずっと昔から、日記を書くと心が癒されると言われていました。

最近は「日記を書くことは健康にもいい」とも言われています。

なぜなら、ストレスホルモンを減らすことができるからです。

メリット4　物事を深く観察するようになる

ぼーっと授業を受けているときより、「このあとテストがある」とわかっているときのほうが、みんな真剣に先生の話を聞いているものですよね。

つまり、アウトプット（テスト）を意識すると、インプット（授業を聞く）の質が上がります。

日記を書くこともアウトプットですから、普段の暮らしで、無意識のうちにインプットの質が上がっているわけです。

日々、多くの人は流されて生きていますが、それでも日記を書いていれば、書いていないときより、物事を深く観察するし、丁寧に暮らせます。

私がこれを端的に感じたのは、育児日記を書いていたときでした。

育児日記といっても、単に娘にいつ母乳をやったか、いつおむつを取り替えたか、いつ娘が寝たか、いつ泣いたか、といったことをミミズがのたくったような文字で手帳に殴り書きしていた代物です。

これを10冊くらい書きました。

この日記があったから、娘のちょっとした変化や様子に気づくことができたと思います。

メリット5　自分の進歩や成長の助けとなる

日記を書けば、自分が少しずつ成長しているのがわかります。

成長とは言えないまでも、「こちらの方向に行きたいな」と思った方向に向かっているとか、「ちょっと外れているな」などと、気づけます。

このように日記は、自分の周囲が大きく変化しているときに、自分を見失わないで思った方向に進むことを助けてくれるでしょう。

たとえば、メリット4でも書きましたが、育児をしているとき。

育児日記を書いていると、子供が少しずつ成長しているのがわかります。

昨日と今日ではそんなに変わりませんが、赤ちゃんは1ヶ月の違いが大きいもの。

先月はできなかったことが、今月は驚異的にできてしまうのです。

日記のおかげで、このような変化に気づくし、自分がした失敗にも気づきます。

そして、失敗に気づけば、そこから何かを学ぶことができるでしょう。

思えば、育児日記を書いたことで、「育児をやらされている」というより、主体的に「子供を育てている」という気持ちになりました。

当時は、毎日の世話で疲れてきっていたので、深く考える余裕はありませんでしたが……。

メリット6　創造性が芽生える

日記を書く行為は、物事を分析し、思考が論理的になるので、左脳に働きかけているものだそうです。

物事を分析し、論理的な思考をするからです。

このとき、右脳は放ったらかしにされているように思えますが、実はこうすることで右脳にある創造性を開発しているようです。

日記を書くと、脳全体にかかっているメンタルブロックが外れ、より自由に考えることができるとも言われています。

10年日記を書いています

今、私は博文館新社の10年連用ダイアリーを使っています。

２０１１年から使っているので、今年で10年目になりました。

それまでは5年日記を使っていました。

なぜ10年日記にしたのかというと、「10年に1回、日記帳を買えばいいから」という節約系ミニマリスト的な理由からです。

1冊買えば、その後10年は「来年はどんな日記帳を使おうか」と考えずにすみます。

瞬時にタイムスリップできる

10年日記は、1ページに同じ日付の日記を10年分書くようになっています。

「3年前の今日はこんなことをしていたんだ」とわかるところが面白いですよ。

毎年必ずやっていることがある人は、それを書けば感慨深いものがあるはずです。「梅酒を作った」「らっきょうを漬けた」など、季節と連動しているできごとを書けば、「5年前は、この日にやっていたんだ。今年はちょっと出遅れてしまったかも」と思ったりします。


同時に、まだ何も書いていない未来に思いをはせることもできます。

「来年の今頃にはこうなっていたいものだ」とか……。

私はつらい日々が続いていると、10年日記の空白のマスを見て、よく「今はこんな状態だけど、来年の今頃は笑い話になっているのだろうな」と思ったものです。

過去、現在、未来の流れを俯瞰できるのが10年日記の最大のメリットですね。

1日分のマスは小さいのでたくさん書けませんが、かえって続けやすいと思います。ほんの備忘録を書いておけばいいのですから。

10年使える「10年日記」をご紹介します

1月3日

2019 (木)友引 ほうれん草とベーコンと玉ねぎのキッシュ コーンスープ サーモンソテー	**2020** (金)友引 さばのみそ漬け 納豆 松茸のお吸いもの
2021 (日)赤口	**2022** (月)赤口
2023 (火)大安	**2024** (水)友引
2025 (金)先負	**2026** (土)先勝
2027 (日)赤口	**2028** (月)赤口

これは1ページに10年分の日記が書けるというもの。
1日分のマス目は小さいものですが、食べた物など少し書くだけで、
過去・未来に思いを馳せることができます。

1月2日

2019（水）先勝 さばのみりん干し キャベツとベーコンの煮物 えのきとわかめのマヨネーズ和え	2020（木）先勝 鶏肉のピーナッツ炒め 厚揚げの千草焼き 玉ねぎサラダ 納豆
2021（土）大安	2022（日）仏滅
2023（月）仏滅	2024（火）先勝
2025（木）友引	2026（金）赤口
2027（土）大安	2028（日）大安

書きたくないときは書かなくてもいい

最後に日記を楽しむコツをお伝えしますね。

日記は、つけたい人はつけ、つけたくない人は別につけなくてもいいと思っています。

無理に日記をつけようとすると、日記の楽しさが味わえません。

何を書くか、いつ書くかというのも個人の自由です。

昔の私は、何ヶ月間も書かない時期がありました。

そういう空白には、私はあとで今年の日記や覚え書きを書いています。

また、ノート代わりにすることもあります。

ただ、気ままに書こう

日本に里帰りしたときは、前の年の空白にレシートを貼っていました。

普段、日本にいないので、あとになって日本のお店のレシートを見るのは、楽しいものです。

日記をつけるとき、「この日から始めないといけない」と思いがちですが、元旦からつけはじめる必要もありません。

毎日必ず書かなくても、誰の迷惑にもなりません。

書く内容も、短くても長くても、かまいません。

自分しか見ない、自分への手紙のようなものなのですから……。

思い立ったときに気ままに書けばいいのです。

手帳で、「この先」を描く

日記で成長を感じたら、手帳、いわゆるスケジュール帳を見直してみましょう。

この手帳は、未来像を明確にするのに役立ちます。

自分の未来像とは、自分が目指すところであり、目的地やゴールのようなもの。

目的地が明確でないと、そこへたどりつくことができません。

未来像を明確にしておくと、なりたい自分や、成し遂げたいことに向かって、大きく道からそれることなく前進できます。

私は、歯医者に行くとか、クレジットカードのお金が引き落とされるとか、日常の覚えておいたほうがいい予定もすべて手帳に書いています。

書き方は全く自由ですが、私は手書きで書いています。

前にもお伝えしましたが、手書きのメリットを紹介しますね。

メリット1　お手軽である

手書きは、ペンと紙さえあればすぐにできるのが魅力です。

デジタル機器だと、電池が切れたら何もできないし、ログインしたり、パスワードを管理したりするのがわずらわしいからです。

メリット2　創造性をはぐくむことができる

ブレインダンプの説明でも申し上げましたが、手書きは、考えを巡らせるのに最適だと思います。

デジタルだと、いろいろな考えをランダムに残すことができません。

雑多な考えをただただ入力しても、何がなんだかわからなくなるだけです。

ところが、紙の上では、思いついたことを書き散らしても、マインドマップにしても、イラストを入れても、横書きと縦書きを混在させても、日本語と英語を混ぜても、違和感がありません。

落書きもできます。

メリット3　付箋を貼ることができる

私は付箋のヘビーユーザーで、日々のTO DOや、プロジェクトの管理に必要なこと、思いついたことはまず付箋に書いて、ノートや手帳、机の端に貼っています。付箋に書いているのは、その日やるべきことだけではありません。今週中にやりたいこと、今月中にやりたいこと、その他思いついたこと、覚えておくべきことがあったら、とりあえず、なんでもかんでもすべて付箋に書いて、机の上に貼っています。

そのため、私の手帳は付箋を貼ることができるものでなければなりません。デジタルな日記だと、付箋を貼れないのが難点です。

QUESTION ❹「人に読まれると思うと恥ずかしくて書けません」

日記は、あとで読み返せば自分の成長などがわかって、とてもいいと思うのですが、専業主婦なので、家族の誰かに読まれるのではと気がかりで、日記を書く勇気が持てません。

（きなこさん）

ANSWER 筆子からのAnswer

きなこさん、こんにちは。

私なら、「人に見られるのが恐ろしい」と思う、その気持ちを手放しますね。

もし抵抗があるようでしたら、「見られても困らない書き方」を実践します。

つまり、読んだ人が、「あ、これ、俺のことだ」「○○のことだ」とわからないように書けばいいのです。

人名をそのまま書いたり、「夫が」「兄が」「姉が」「妹が」「義理母が」などと書いたりはしません。

すべて、自分にしかわからないイニシャルや暗号にして書いてください。

または、新聞のように、起きたできごとを客観的に書くだけにします。

たとえば、夫とけんかをしたなら、「こういうことが原因でけんかをした」とだけ書く。

それについて、自分が思ったことはいっさい書きません。

客観的なできごとだけを書いていくことは、事実と自分のゆがんだ思考（思い込み）を区別する練習になります。

もし、そもそも日記帳を持つのが怖いようなら、日記帳という物自体のこだわりを捨ててしまいましょう。

自宅以外の場所で日記を書き、そこのゴミ箱に捨てれば、家族は拾いません。

COLUMN

筆子の場合❹ 私のスケジュール管理手帳

私は、いつも自宅で仕事をしており、手帳を持ち歩かないので、手帳は大きいサイズを選んでいます。

大きいほうが、書きやすいし、見やすいですから。

私の手帳には、月ごとにマンスリーカレンダーがついています。

ページの右上には、毎月、モチベーションを上げる格言が書かれています。

たとえば、2020年の5月の格言は、One thing to give up before success? Excuses.（成功するために捨てるべきひとつのこととは？　言い訳だ）です。

マンスリーには予定を書き、ウィークリーのページは、達成状況を確認するノートとして使っています。

雑多なメモはノートに書いています。

以前はノートやメモ帳のストックがたくさんありましたが、新品は寄付し、使いかけは使い切り、今は、使う分しか持っていません。

ノートにはいろいろなサイズがありますが、普段、自分が使う規格を決めてしまうと、管理も収納もスッキリできます。

毎年、多種多様な時間管理のツール（手帳やアプリ、ソフト）が販売され、時間管理術に関する本も出版されて、生産性を上げるビジネスセミナーがおこなわれています。

このようなものにたくさん投資している人も多いでしょう。

ですが、その投資効果はさほどないと思います。

効果があるなら、こんなにいろいろな商品が販売されることはないからです。

現状の商品では満足できない、「まだまだ、もっとうまく時間を管理したい」「時間管理能力をアップしたい」と思っている人がたくさんいるから、あらゆる種類の手帳が販売されるのです。

私の手帳

マンスリーカレンダーのページ

主に予定を書いています。

December

my goal is to get there done.

MONDAY	TUESDAY		SATURDAY	SUNDAY	Goal
30	31			1	
2	3		7	8	
9	10		14	15	
16	17		21	22	
23	24		28	29	

In December.

私の手帳

ウイークリーダイヤリーのページ

November 17

	Nov 15	Nov 16	Nov 17

その月のゴール、その週のゴール、
その週の振り返りを書く欄があります。

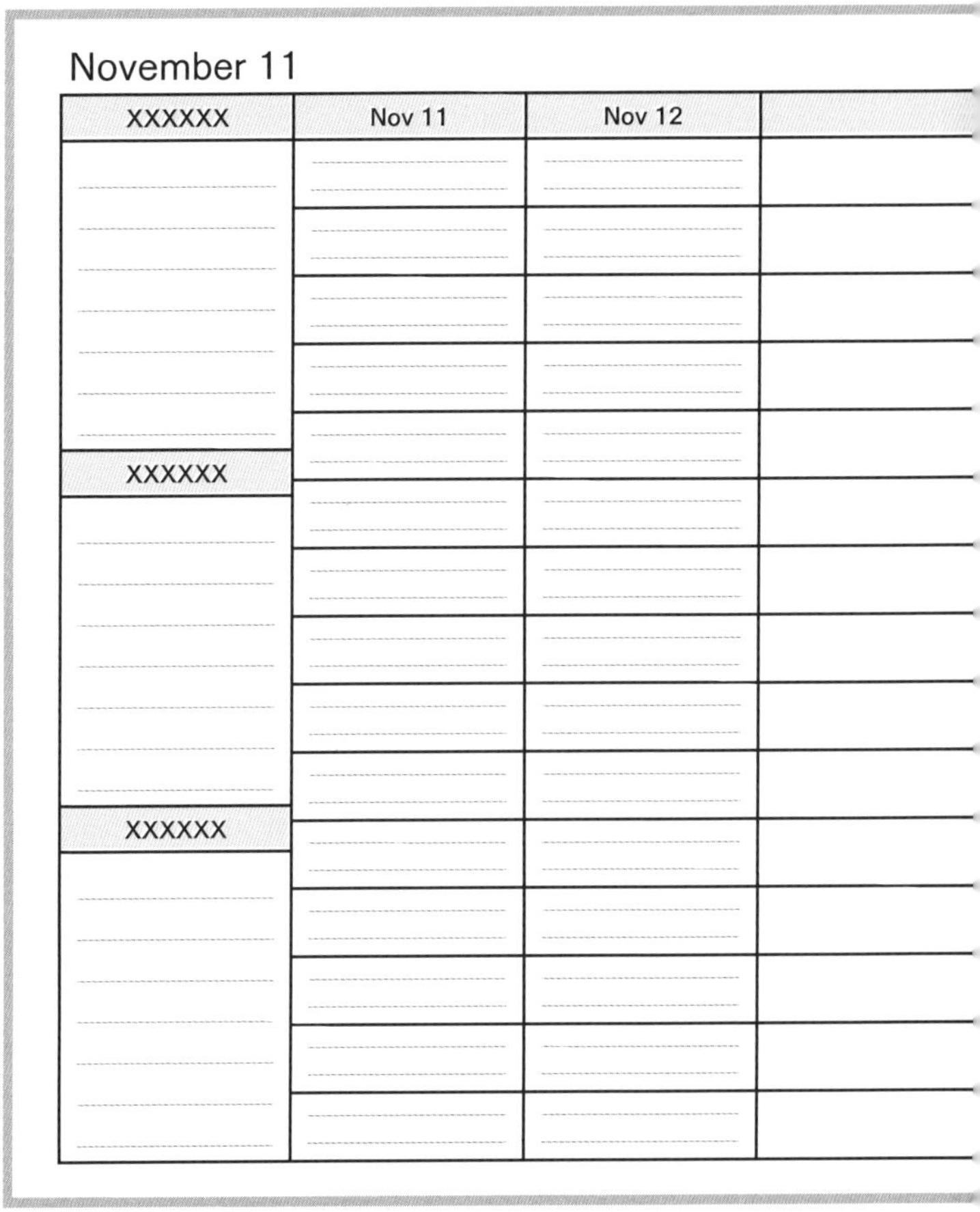
November 11

XXXXXX	Nov 11	Nov 12	
XXXXXX			
XXXXXX			

時間管理術はダイエットと同じです。

「これを使えば、誰でもミラクルに仕事がバリバリできます」といったツールや方法はありません。

それぞれの仕事も生活環境も千差万別なのですから……。

「このアプリが最強です」と言われても、合わない人はたくさんいます。

「誰にでも合う完璧な時間管理ツールがある」という思い込みを捨てると、こういう物にお金を使わずにすみ、無駄な物も増えません。

また、時間管理に時間をかけすぎないのも重要です。

さて、ここまで、さまざまな「書いて、捨てる」方法をご紹介してきました。

結局、私の方法は、

- やることを減らす
- とにかく書く

この2つが肝です。

この2つを徹底すると、次にやるべきことに迷わず、すぐに次のタスクに取り掛かれます。

書くことで、考えも整理できるし、目標達成に近づけるというわけです。

EPILOGUE

ノートをきれいに

使い切る方法

ページが余った場合の活用法

この章では、なかなかノートを最後まで使い切れない人に、ノートを使い切るコツをお教えします。

それは、

1　使うノートをひとつに絞る

2　毎日、毎日ひたすら書く

この2つだけです。

特に、「使うノートを絞り込む」のがポイント。

「情報は1冊にまとめろ」といった内容の本がベストセラーになりましたが、日々のメモを書くノートを1冊だけ決めて、なんでもそこに書き込んでおくと、あとで「あれっ、どこにメモしたっけ？」と考え込むことがなくなります。

家にまだ使っていないノートがあるのに、新しいノートを買ってしまうことはありませんか？

私はまぎれもなくこのタイプでした。

子供のときから文房具が好きで、ノートも在庫がたくさんあるのに、かわいいノートや、おしゃれなノート、ちょっと変わったノートを見つけると、ついつい買っていました。

ノート1冊はそんなに高価ではないので、気分転換のための買い物にはぴったりです。

それにまっさらなノートを持つと、なんだかワクワクします。

「これからここに何を書こうかな」と考えるだけで、楽しいですよね。

素晴らしい未来が待ち受けているような気分になるものです。

しかし、いざ使い道を決めて書きはじめてみると、最後まで使い切ることができませんでした。

私は三日坊主だったので、勉強に使うノートなら、なおさら……。

そして、また新しいノートを買ってしまうのです。

このように、私は20年以上ノートを最後まで使い切れない人間でしたが、今は次のようなステップで、どんどん消費しています。

ステップ1　在庫を確認する

手持ちのノートをすべて一箇所に出します。

そして、それぞれのノートの中を確認します。

はたして自分がこれだけのノートを使うのにどれくらい時間がかかるかを考えてみましょう。

一生かかっても使いきれそうにないなら、少し処分します。

処分するノートがなければ、ステップ2は飛ばしてステップ3へどうぞ。

ステップ2　ノートを減らす

●寄付する

新品なら、発展途上国の子供たちに送ってくれるNGOなどに寄付できます。あるいは近所で子供がよく集まるような場所、塾や託児所などに電話してノートが必要ではないか聞いてみてもよいかもしれません。

私は使い切れそうにないノートはコミュニティの寄付センターに持っていきました。

ほかにもこんな方法があります。

●フリマで売る

●人にあげる

●捨てる

リサイクルできるごみ（資源ごみ）として捨てれば、社会に還元できます。

ステップ3　別の用途で使う

ノートを使う方法はいくつかあります。

- バラして、メモ帳にする
- ペーパークラフトに使う（折り紙などに使う）
- 掃除に使う（ガラスを磨くのに用いたり、フライパンやお皿の油汚れをぬぐったりする）
- 緩衝材として使う（荷物を送るとき中身が動かないように、ノートをクシュクシュと丸めて、小包に入れる）
- キャンプファイヤーのたきつけに使う
- ノートをノートとして使う

こんなところでしょうか。

私の娘は小学校で学年が変わるたびに新しいノートをもらい、授業中に日記をつけていました。

使い切ったものもありましたが、大幅に余っていたノートも数冊あったんです。

余白があるノートは、まだ書いていないところだけ切ってホッチキスで止めてメモ帳にして消費しました。

ステップ4　ノートをノートとして使う

1　使うノートを決める
使うノートを1冊だけ決めて、そればかりを使うようにします。

ほかのノートはどこかにしまっておき、1冊のノートを集中的に使うのです。

2　ノートに何を書くか決める
そして、いよいよノートを使います。

まずノートに書くことを決めましょう。

これまでご紹介した以外に、いくつかアイデアを書いておきます。

●日々の雑多なメモ書きをする

●TO DOリストを書く

●自叙伝を書く

自叙伝と書くと大げさですが、昔あったできごとを書きます。

●名言を書く

図書館で名言集などを借りてきて、気に入ったものを書いていきます。

●本の抜き書きをする

自分の好きな本から好きな箇所を抜き書きします。

●筆写

本の一節、新聞の社説、お経など、素材はなんでもいいので好きなものを書き写します。

筆写は頭を使わなくてもいいので、日記や自叙伝はハードルが高い人におすすめ。

私は一時期、子供向けの仏仏辞書を毎日5分くらい書き写していました。

●語学用のノートにする

語学に使うと驚異的にノートが減るのでおすすめです。

たとえば、私は今、毎日15分くらいフランス語のディクテ（英語で言うところのディクテーション。学んでいる言語を聞いて、書き取ること）をやっていますが、これでどんどんノートが減ります。

その日に学んだ表現や単語をメモするのもオーソドックスな使い方。

ターゲット言語（自分がマスターしたいと思っている言語、つまり、勉強している言語です。例：英語、中国語など）で日記を書くのもおすすめです。

テキストや辞書を筆写する人もいます。

●創作を書く

小説、詩、短歌、俳句、脚本などを書き残しておきます。

●交換日記をする

忙しいお父さんは子供と交換日記をするとコミュニケーションが深まります。

●ダヴィンチふうに使う

レオナルド・ダ・ヴィンチのように、どこに行くにもこのノートを持ち歩き、スケッチしたり、思いついたことを書いたりします。

●掃除の計画を書く

掃除すべきところをすべてリストアップして、曜日で割り振ります。

●読書日記を書く

読んだ本と感想を書き留めておきます。

●家計簿をつける

きちんと家計簿をつけるのは大変だと思ったら、どれか1項目だけ決めて数字を追っていきます。

たとえばコーヒー代、副菜だけ、本代だけ、交際費だけ、おやつだけ、洋服代だけなど、自分が減らしたい項目をひとつ決めて家計簿をつけるのです。

私は、ナッツを買いすぎるので、ナッツに使ったお金だけ、書き留めていたことがありました。

このように、ノートには無限の使い方があります。
「これが正解」というものはありません。
手元に残すのも、書いてそのまま捨ててしまうのも、自由です。
まずは、書くクセをつけるところからはじめてみませんか？
物も心も、いらないものは、とにかく「書く」ことで捨てられるのですから。

おわりに

「捨てる」とは、よりよく生きるということ

『書いて、捨てる！』を最後までお読みいただき、ありがとうございます。

ここ数年、「断捨離」という考え方が流行っていて、私自身も不用品を捨てることをおすすめしています。

「とにかくスッキリしたい」という思いから捨てはじめる人が多いのですが、「捨てること」に夢中になり、なんのために捨てるのか忘れてしまう人が多いものです。

そもそも、邪魔になっている物や思考を捨てるのは、「大事なことにフォーカスする」ため。

やりたいことをやっていき、暮らしを充実させ、望む人生に近づくために、不用なものを捨てている、というわけです。

つまり、よりよく生きるために、命を輝かせるために捨てる――。

捨てるとは、自分の現状を壊すということ。

今ある状態を壊さないと、新しい生活にも、新しい自分にもなりません。

人間は常に成長したいと願っています。

よりよい状態に変わっていけるように、どうぞ、ペンを取って、紙にどんどん書いていってください。

そして、本文でもお伝えしているように、どうか書く形にこだわらないでください。


この本のもとになったのは、「筆子ジャーナル」という私のブログです。

毎日のようにブログに訪れ、記事を読んでくださり、感想のメールを送ってくださる読者の皆様のご支持が、この本の出版につながりました。

心より、感謝申し上げます。

筆子

書《か》いて、捨《す》てる！

モノと心の“ガラクタ”を手放せる４つのノート

2020年3月31日　初版発行
2022年1月14日　5刷発行

著　者……筆子《ふでこ》
発行者……塚田太郎
発行所……株式会社大和出版
東京都文京区音羽1-26-11　〒112-0013
電話　営業部03-5978-8121／編集部03-5978-8131
http://www.daiwashuppan.com
印刷所……誠宏印刷株式会社
製本所……ナショナル製本協同組合
装幀者……原田恵都子（Harada＋Harada）
装画者……金安亮

ISBN978-4-8047-0582-8

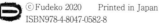